短视频运营一本通

拍摄＋后期＋引流＋变现

新媒体商学院　编著

化学工业出版社
·北京·

抖音、快手、火山、微视、西瓜、美拍、优酷等多个平台，如何引流吸粉？

入门、定位、拍摄、后期、营销、涨粉、运营等短视频技巧，如何快速上手？

直播、广告、上课、冠名、销售、咨询、出版等10多种变现方式，帮您实现最大化变现！

书中通过160多个实用技巧、300多张图片、100个图解以及80多个典型案例，用技巧提炼+实操攻略+经典案例的写法，让您快速精通短视频运营，从新手成为高手，盈利赚钱。

本书内容分类清晰，语言简洁通俗，图文并茂，适合短视频行业领域的从业人员、想通过短视频进行营销的企业和商家、通过短视频实现快速引流的新媒体人和专注短视频风口的创业者等人士阅读，同时针对那些对短视频运营和营销感兴趣的读者，本书也可满足其阅读需求。

图书在版编目（CIP）数据

短视频运营一本通：拍摄+后期+引流+变现/新媒体商学院编著．—北京：化学工业出版社，2019.4（2020.4重印）
 ISBN 978-7-122-33838-9

Ⅰ.①短… Ⅱ.①新… Ⅲ.①视频-营销 Ⅳ.①F713.3

中国版本图书馆CIP数据核字（2019）第023088号

责任编辑：刘 丹　　　　　　　　　装帧设计：王晓宇
责任校对：王素芹

出版发行：化学工业出版社（北京市东城区青年湖南街13号　邮政编码100011）
印　　装：中煤（北京）印务有限公司
710mm×1000mm　1/16　印张16¹/₂　字数306千字　2020年4月北京第1版第4次印刷

购书咨询：010-64518888　　　　　　　售后服务：010-64518899
网　　址：http://www.cip.com.cn
凡购买本书，如有缺损质量问题，本社销售中心负责调换。

定　　价：68.00元　　　　　　　　　　　　　　　　版权所有　违者必究

前言

■ 写作驱动

随着移动互联网的高速发展，短视频行业也发展迅猛，成为5亿多人的信息关注、分享和传播的江湖。在这样的时代环境下，新媒体人、商家和企业等也关注到了短视频的巨大潜力，无论是碎片化信息的有效传达，还是与用户之间的深度互动，短视频都有着巨大优势。

既然短视频对企业来说如此重要，那么，针对这种有效的引流和营销工具，运营者到底应该如何做呢？相信大家现在会产生一系列疑问。

- 短视频如何拍才能吸引用户注意？
- 短视频如何编辑才能让其更优质？
- 短视频如何运营才能收割更多流量？
- 短视频如何实现快速营销和变现？

目前市场上的短视频书籍还比较稀缺，尤其是集短视频的入门、名片、定位、拍摄、后期、引流、营销和变现等内容于一体的书少之又少。基于此，笔者精心收集并整合相关资料，结合实战案例，专门打造出这本针对短视频运营的实战型宝典。

本书主要是从众多的短视频运营经验中，提炼出实用的、有价值的技巧，帮助大家了解如何进行短视频运营，以便早日熟练掌握运营和营销技巧，塑造和提升品牌形象，赚取丰厚的利润。

■ 本书内容

本书共分为10章，详细地论述了短视频运营者需要重点把握的内容，以及相关的运营技巧。具体来说，本书的内容框架如下所述。

第1章　入门：关于短视频你必须要知道这些

第2章　名片：打造属于你自己的短视频平台

第3章　定位：给你的短视频一个准确的方向

第4章　拍摄：小小的短视频也能拍出大片感

第5章　后期：用匠心为你的短视频增光添色
第6章　内容引流：如何让短视频粉丝破百万
第7章　平台引流：轻松获取更多高效精准粉
第8章　营销：有技巧何愁短视频不能火起来
第9章　企业：胸有成竹何惧品牌营销不成功
第10章　变现：你的短视频内容也许价值千万

■ 本书特色

本书的特色主要体现在3个方面，具体如下所述。

1.干货性

本书在内容选择上将重点放在了实用性上，因此对于短视频运营者普遍关注的问题：比如如何拍摄、后期怎么调整、如何引流和变现等，进行了透彻的讲解。整本书可谓干货满满，只要是短视频运营，或多或少都能在本书中学习到一定经验和技巧。

2.全面性

从内容来看，本书共10章，对短视频入门、名片、定位、拍摄、后期、引流、营销和变现等问题均进行了具体的说明，内容相对较为全面。即便是对短视频运营毫无经验的运营者，也能通过本书掌握短视频运营的各项工作。

3.实操性

对于大多数读者来说，看一本书就是来学习的，很多理论可能谁都知道，但是究竟要怎么做却不甚明了。因此，笔者在写本书时特别注重内容的实操性，对于一些重点内容，都进行了分步讲解，为的就是让大家一看就懂、一学就会！

由于作者知识水平有限，书中难免有疏漏和不足之处，恳请广大读者批评、指正。

笔者

目录

第1章 入门：关于短视频你必须要知道这些 / 001

1.1 基础：从零开始认识短视频 / 002
1.1.1 短视频是什么 / 002
1.1.2 这就是短视频营销 / 003
1.1.3 短视频的发展历程 / 004
1.1.4 常见短视频的类别 / 006
1.1.5 短视频的营销优势 / 007

1.2 价值：把握短视频的闪光点 / 008
1.2.1 打造企业优质网站 / 009
1.2.2 提供显著营销效果 / 010
1.2.3 让效果更具说服力 / 010

1.3 行业：多方面了解短视频发展 / 011
1.3.1 了解短视频行业发展特点 / 011
1.3.2 未来短视频行业的3大方向 / 012
1.3.3 短视频发展的5大困境 / 013
1.3.4 帮助运营者走向成功的对策 / 013

1.4 误区：抖音运营中这些要避开 / 014
1.4.1 重视后台轻前台 / 014
1.4.2 完全不进行互动 / 015
1.4.3 过度重视热点作用 / 016

1.4.4 运营平台十分狭窄 / 016
1.4.5 对渠道动态很漠视 / 017
1.4.6 不重视平台数据分析 / 018

第2章 名片：打造属于你自己的短视频平台 / 019

2.1 平台：选择你的短视频战场 / 020

2.1.1 抖音：记录美好生活 / 020
2.1.2 快手：记录世界记录你 / 021
2.1.3 火山：让世界为你点赞 / 024
2.1.4 微视：随便拍拍都有趣 / 025
2.1.5 西瓜：给你新鲜好看的 / 027
2.1.6 美拍：每天都有新收获 / 029
2.1.7 爱奇艺：悦享品质 / 031
2.1.8 腾讯：不负好时光 / 032
2.1.9 优酷：这世界很酷 / 033

2.2 设置：设计你的短视频名片 / 034

2.2.1 注册：开启名片打造之路 / 034
2.2.2 头像：一眼吸引你的受众 / 035
2.2.3 昵称：让受众快速记住你 / 038
2.2.4 签名：展示平台自身特色 / 040
2.2.5 绑定：与第三方构建桥梁 / 042
2.2.6 认证：增加平台可信任度 / 044
2.2.7 标题：完整表达作者思想 / 046
2.2.8 话题：以合适为应用准则 / 047
2.2.9 @好友：让内容精准送达 / 049
2.2.10 地址：提升用户归属感 / 050
2.2.11 谁可以看：确定分享范围 / 051

第3章 定位：给你的短视频一个准确的方向 / 052

3.1 选择行业：适合才能获得更好发展 / 053
3.1.1 从自身出发，选择喜欢的或擅长的 / 053
3.1.2 从行业出发，选择属性能契合的 / 054
3.1.3 终确定方向，基于是否可行的判断 / 055

3.2 洞悉用户：了解所选行业用户详情 / 057
3.2.1 分析男女性别占比属性 / 057
3.2.2 分析用户所属的年龄段 / 058
3.2.3 分析用户所处的地域 / 060
3.2.4 分析用户的职业属性 / 061
3.2.5 分析用户的消费能力 / 062

3.3 垂直领域：做好更加精细化的运营 / 063
3.3.1 评论词云：了解抖音号的用户印象 / 063
3.3.2 热门视频：总结短视频亮点与优势 / 065
3.3.3 维度特征：确定账号的运营垂直领域 / 065

3.4 确定内容：多方面进行收集和整理 / 066
3.4.1 热门话题：通过微博平台 / 066
3.4.2 各类资源：通过百度平台 / 068
3.4.3 专业知识：通过知乎平台 / 071
3.4.4 收集稿件：通过音频平台 / 074
3.4.5 内容生产：通过实践拍摄 / 076

第4章 拍摄：小小的短视频也能拍出大片感 / 078

4.1 摄前了解：助你拍摄高质量短视频 / 079
4.1.1 工具：给短视频以应有的质感 / 079
4.1.2 主题：明确短视频的中心思想 / 081

4.1.3 尺寸：根据风格选择画幅比例 / 083
4.1.4 稳定：不要让晃动影响了画质 / 084
4.1.5 清洁：定期清洁保持镜头洁净 / 086
4.1.6 静音：给拍摄创造良好的条件 / 086
4.1.7 分辨率：提升视频画面清晰度 / 087

4.2 拍摄功能：熟悉的拍摄方法任你选 / 088

4.2.1 拍摄同款：好听的音乐你也能用 / 088
4.2.2 视频上传：快速合成和制作短视频 / 089
4.2.3 图片电影：让照片充分"动"起来 / 091
4.2.4 直播拍摄：3大标准开通抖音直播 / 091

4.3 加分功能：抖音上你还可以这样拍 / 092

4.3.1 切换音乐拍摄：选择更合适的音乐 / 093
4.3.2 参与话题挑战赛：实现快速获取流量 / 093
4.3.3 合拍功能：打造优质的强互动视频 / 094
4.3.4 抢镜功能：小窗口的个性化短视频拍摄 / 096

4.4 拍摄步骤：如何拍摄抖音音乐短视频 / 097

4.4.1 选择音乐：设置视频背景声音 / 097
4.4.2 正式开拍：生成音乐短视频 / 099
4.4.3 剪辑加工：让短视频更优质 / 101

4.5 实用原则：让短视频效果更上层楼 / 104

4.5.1 快慢速度：要与视频情境和主题相符 / 104
4.5.2 音乐节奏：要击中动作或场景转换 / 105
4.5.3 分段拍摄：创意打造"秒变装"效果 / 106
4.5.4 平台道具：善于运用拍摄时享用无穷 / 107

第5章 后期：用匠心为你的短视频增光添色 / 109

5.1 APP：移动端短视频加工好帮手 / 110

  5.1.1　小影：电影级的后期配置 / 110

  5.1.2　乐秀：全能的视频编辑器 / 111

  5.1.3　巧影：人性化的功能设置 / 112

  5.1.4　FilmoraGo：颜值控的不二选择 / 113

5.2　软件：电脑端短视频剪辑加分项 / 114

  5.2.1　快剪辑：新手入门的必备选项 / 115

  5.2.2　爱剪辑：功能强大的免费软件 / 116

  5.2.3　会声会影：全程把握视频制作 / 117

  5.2.4　PPT：它其实也可以剪辑短视频 / 118

  5.2.5　Premiere：对非线性编辑有一手 / 121

5.3　工具：短视频的细节打磨辅助器 / 122

  5.3.1　PS：酷炫封面的首要生产者 / 122

  5.3.2　秀米：可爱的人都喜欢用它 / 124

  5.3.3　抓图精灵：捕捉精彩的瞬间 / 126

  5.3.4　GifCam：GIF动画的制造者 / 127

  5.3.5　PhotoZoom：画质的保护神器 / 129

第6章　内容引流：如何让短视频粉丝破百万 / 133

6.1　爆款内容：7大方面赢得更多用户青睐 / 134

  6.1.1　饱含正能量 / 134

  6.1.2　具有高颜值 / 135

  6.1.3　内容是干货 / 136

  6.1.4　萦绕温馨的爱 / 138

  6.1.5　主体萌态十足 / 138

  6.1.6　拥有高超技艺 / 141

  6.1.7　包含搞笑情节 / 141

6.2　推广技巧：9个技巧推动平台短视频传播 / 143

6.2.1　贴近生活——满足用户需要　/ 143
　　6.2.2　第一人称——提升信服感　/ 144
　　6.2.3　关注热门——自带流量　/ 145
　　6.2.4　讲述故事——用户更易接受　/ 146
　　6.2.5　激起共鸣——用户热衷观看　/ 148
　　6.2.6　添加趣味——更招人喜欢　/ 149
　　6.2.7　强震撼力——产生视觉冲击　/ 150
　　6.2.8　多样场景——呈现更形象　/ 151
　　6.2.9　黄金时间——提升转化率　/ 151
　6.3　抖音引流：8大技巧助你快速成为达人　/ 153
　　6.3.1　热点话题，吸引关注　/ 153
　　6.3.2　流量明星，引人注目　/ 154
　　6.3.3　创意植入，更好契合　/ 154
　　6.3.4　建立人设，形成风格　/ 155
　　6.3.5　发起挑战，提升认知　/ 156
　　6.3.6　创意贴纸，下载引流　/ 158
　　6.3.7　反转剧情，更感惊奇　/ 158
　　6.3.8　KOL合作，提升影响　/ 160

第7章　平台引流：轻松获取更多高效精准粉　/ 162

　7.1　社交平台：多方推广轻松获取大批粉丝　/ 163
　　7.1.1　朋友圈——用户的黏性与互动性更强　/ 163
　　7.1.2　微信公众号——多样性内容构建品牌　/ 164
　　7.1.3　QQ——QQ群与QQ空间多途径引流　/ 165
　　7.1.4　微博——善于利用"@"与热门话题　/ 167
　7.2　资讯平台：助力短视频轻松获取百万粉丝　/ 167
　　7.2.1　今日头条——利用好平台的短视频矩阵　/ 168
　　7.2.2　一点资讯——"小视频"新功能上线　/ 169

7.2.3 百度百家——注意短视频推广的设置 / 171

7.3 营销平台：短视频提升形象并吸引关注 / 172
7.3.1 淘宝——"微淘"与商品"宝贝"页面 / 172
7.3.2 京东——"发现""商品"与"京东视频" / 174
7.3.3 美团外卖——"商家"页面讲述品牌故事 / 176

7.4 线下场景：传播稳定收获大批精准用户 / 178
7.4.1 社区电梯——利用乘梯间歇实现引流 / 178
7.4.2 地铁——聚焦不同层次人群进行推广 / 179
7.4.3 商圈——助力时尚和前沿品牌引流 / 179
7.4.4 交通——必经途径的推广引流方式 / 180
7.4.5 公交候车亭——等车无聊时间引流 / 180
7.4.6 村镇视频——借势品牌渠道下沉引流 / 181

第8章 营销：有技巧何愁短视频不能火起来 / 182

8.1 流程：循序渐进抓住短视频红利 / 183
8.1.1 让抖音号快速成长起来 / 183
8.1.2 寻找多种工具助力运营 / 184
8.1.3 不断发展打造短视频爆款 / 185

8.2 策略：运用技巧寻求最佳营销效果 / 186
8.2.1 5步营销，步步为营 / 186
8.2.2 针对推广，高效营销 / 187
8.2.3 整合营销，打通增益 / 189
8.2.4 积极互动，吸引注意 / 190
8.2.5 效果监测，指导营销 / 192

8.3 玩透：短视频+，给你更多可能性 / 193
8.3.1 短视频+电商：增加产品说服力 / 193
8.3.2 短视频+直播：开辟一条新思路 / 194

8.3.3 短视频+跨界：整合各类优质资源 / 196
8.3.4 短视频+H5：完美展示自身形象 / 197
8.3.5 短视频+自媒体：名利双收一举多得 / 198

8.4 案例：抓住行业营销关键才能成功 / 199

8.4.1 餐饮行业：边吃边玩+网红等 / 200
8.4.2 日常用品：实用性+购买入口 / 201
8.4.3 文娱行业：情感+表现+互动 / 202
8.4.4 旅游行业：天时+地利+人和 / 203
8.4.5 汽车行业：洞察+新技术+体验 / 204

第9章 企业：胸有成竹何惧品牌营销不成功 / 206

9.1 5大优势，帮助企业品牌成就营销 / 207

9.1.1 碎片化信息：短视频迎合其传播诉求 / 207
9.1.2 高曝光品牌：多种机会展示企业品牌 / 208
9.1.3 用户年轻化：更强的接受新事物能力 / 210
9.1.4 话题与互动：多个入口加强用户联系 / 211
9.1.5 运营阵地：塑造和提升企业品牌形象 / 212

9.2 3个方面，解读企业短视频策划 / 213

9.2.1 区别企业与个人短视频，效果才能更佳 / 213
9.2.2 了解短视频策划步骤，企业营销更顺利 / 214
9.2.3 掌握策划的细节，挖掘企业产品的价值 / 215

9.3 5种形式，快速引爆企业品牌营销 / 215

9.3.1 演技：品牌展示更生动、形象 / 216
9.3.2 特效：提升品牌认知和辨识度 / 216
9.3.3 实物：软性植入才能无违和感 / 216
9.3.4 故事：接地气内容引发共鸣 / 217
9.3.5 动作：全面展现企业品牌特征 / 218

9.4 5大案例，教你找到成功营销方法 / 218

9.4.1　支付宝：通过趣味内容成功圈粉 / 218
9.4.2　成都商报：内容接地气赢得好感 / 220
9.4.3　美团外卖：话题和才艺塑造形象 / 221
9.4.4　饿了么：把短视频当作影片来制作 / 223
9.4.5　网易游戏"阴阳师"：高颜值主角 / 223

第10章　变现：你的短视频内容也许价值千万 / 225

10.1　电商：卖掉产品就是赚到 / 226
10.1.1　自营：把自家的东西卖出去 / 226
10.1.2　入驻：借助其他平台的力量 / 229

10.2　付费：有偿提供视频内容 / 231
10.2.1　咨询：为受众答疑解惑 / 231
10.2.2　上课：向学员收取费用 / 233
10.2.3　限定：开通会员可查看 / 234

10.3　广告：流量可以直接变现 / 236
10.3.1　冠名广告：直接吸引广告主 / 236
10.3.2　浮窗广告：褒贬不一的形式 / 237
10.3.3　植入广告：软化是重中之重 / 238
10.3.4　贴片广告：和内容连成一体 / 239
10.3.5　品牌广告：将品牌作为中心 / 240

10.4　平台：获取补贴以及分成 / 240
10.4.1　短视频APP：流量是关键点 / 241
10.4.2　在线视频：收益方式多样化 / 242
10.4.3　资讯APP：平台分成成主流 / 244

10.5　其他：变现方法还有很多 / 247
10.5.1　直播：有礼物就能盈利 / 247
10.5.2　版权：知识就是变现力 / 248
10.5.3　融资：寻求侧面的突破 / 249

第1章
入门：关于短视频你必须要知道这些

> **学前提示**
>
> 移动设备和互联网为短视频的兴起和发展提供了良好的基础，使其在互联网市场之中赢得了巨大的发展空间。与此同时，短视频营销也逐渐成长起来。本章将从4个方面来介绍短视频及短视频营销，让大家有个初步的了解和认识。

> **要点展示**
>
> ➢ 基础：从零开始认识短视频
> ➢ 价值：把握短视频的闪光点
> ➢ 行业：多方面了解短视频发展
> ➢ 误区：抖音运营中这些要避开

1.1 基础：从零开始认识短视频

"千里之行，始于足下"，要想了解如何通过短视频进行营销，就需要对短视频及其相关知识有大致的了解和认识。对于短视频，大家可能已经耳熟能详，无论是在电脑端上网冲浪，还是通过手机浏览各种社交软件及其他应用时，都会遇到短视频。那么，究竟什么是短视频呢？短视频为何成了一种营销模式？它是如何分类的？又有哪些优势呢？本节将为大家进行解答。

1.1.1 短视频是什么

短视频，顾名思义，就是录制时间比较短的视频，视频是一种影音结合体，是能够给人带来更为直观的感受的一种表达形式。通常来说，短视频需要具备以下几个特点，如图1-1所示。

图1-1 短视频的特点

此外，短视频与电视视频相比较，不同之处体现在短视频主要通过网络平台进行传播，其内容格式也是多种多样，主要包括以下几种，如图1-2所示。

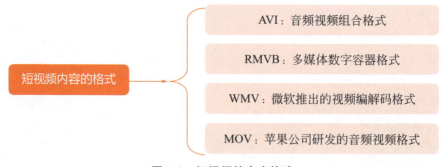

图1-2 短视频的内容格式

随着移动互联网的不断发展，以及视频形式的不断细分，短视频凭借自身强大的优势逐渐成为受人们欢迎的娱乐和消遣方式之一。因此，网络上也出现了不少专门制作短视频的平台，如一条、即刻等。

> **专家提醒**
>
> 短视频的要义就是能在短时间内完整地表述一件事情或者一个热点，借此吸引大众的注意力，从而为大家带来一些信息。此外，值得注意的是，Gif动图不属于短视频，最显而易见的原因就是它没有声音，而声音对于视频而言是必不可少的。

1.1.2 这就是短视频营销

视频营销的定义相信大家应该有所了解，就是利用网络视频展示产品的优点及企业的品牌理念，是一种将互联网、视频、营销三者相结合的活动。视频营销能够起到非同一般的营销效果，具有其他营销方式无法比拟的优势和特点。

而短视频营销的定义也与其相差无几，只是时间长短不一样。虽然短视频的时间也没有固定的限制和范围，但大多还是保持在10分钟以内。随着移动互联网的不断发展，短视频营销已经开始显示出它的强大魅力，"90后""00后"这样的年轻一代，更加愿意接受以短视频为媒介的广告。

短视频营销已经不是一个陌生的名词，很多从事营销业务和身处营销市场的人员对这一名词耳熟能详，那么，短视频营销的真正含义到底是什么呢？笔者将其定义的要点总结如图1-3所示。

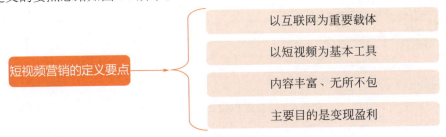

图1-3 短视频营销的定义要点

> **专家提醒**
>
> 在当下这个快节奏时代，利用短视频进行营销显得格外明智。因为每个人的时间都非常宝贵，一般都是利用碎片化的时间进行阅读和浏览。因此，短视频营销变得越来越火爆。

1.1.3 短视频的发展历程

短视频营销的兴起以第一个短视频的产生为基础，其发展也依赖于短视频应用的出现。本小节将从国外和国内两个方面来介绍短视频的发展历程。

1. 国外短视频的发展历程

短视频应用诞生于美国，Viddy创办于2010年，它以制作和分享视频为主。而且，它还专门与YouTube、FaceBook、Twitter等社交平台达成合作，实现了用户之间更加直观的交流。和Viddy同年推出的短视频应用还有Sociaicam、Qwiki。

2012年，又陆续推出了四款短视频软件，他们分别为Keek、Cinemagram、Vine、Instagram。这些短视频应用都致力于打造能够即时分享彼此生活的强大功能，同时慢慢影响人们的生活方式。以Instagram为例，它本来是一个传统的图片分享应用，在预见到短视频的强大潜力后，它也开始推出短视频分享的功能。

> **专家提醒**
>
> Instagram推出的短视频功能，有效吸引了不少名人和品牌厂商，短视频营销开始在此平台上风靡，同时也为平台汇聚了更多的流量。

2013年推出的短视频应用有Line-微片和mixbit。在这里重点介绍一下Line-微片，它是为Android平台打造的短视频应用，可以创建30秒以内的视频，其特色有几点，具体内容如图1-4所示。

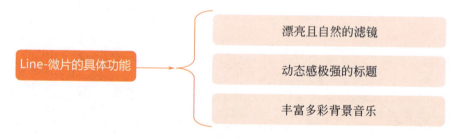

图1-4 短视频应用Line-微片的特色

2. 国内短视频的发展历程

再来看国内短视频的营销发展历程，国内短视频应用则主要以美拍、微信小视频、小红唇、抖音为代表。

2014年5月，美拍正式上线，它以"10秒也能拍大片"为口号，着力于打造火爆的短视频社交软件。过了半年之后，美拍又主推"60秒"的功能，对短视频的时长进行了规范，即"10秒到60秒为佳"。同时，美拍团队也借此热点在微博上推出了相关话题，引起了无数短视频爱好者的热烈讨论——阅读量高达80亿，参与话题讨论的人数也超过了300万。

2014年9月30日，微信6.0版本正式推出。这次发布的新版本中让人眼前一亮的就是其中的短视频功能。虽然它的短视频比较简单，时间限制为6秒以内，也没有特效、背景音乐等作为点缀，但实用性很强。虽然后面微信推出的版本没有再保留这个单独的小视频功能，但可供拍摄的视频实际上还是短视频的形式。

除了微信自带的短视频功能，它开通的微信公众平台也为短视频的展示提供了良好的平台。图1-5所示为"一条"微信公众号中的短视频内容，既有专门的每一期推出的短视频内容，也有在微信公众号文章中插入的短视频。

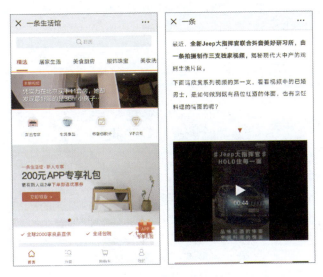

图1-5 "一条"微信公众号中的短视频内容

2015年4月，以UGC（用户创作内容）模式为主的小红唇短视频应用正式推出，它主要涵盖了美容美妆、健身塑身、时尚潮流等方面的内容，面向的人群以女性为主，致力于打造技巧传授和购物一体化的短视频社区。2016年初小红唇商城的上线意味着用户可以通过小红唇APP直接购买美妆达人推荐的产品。

这种短视频营销模式是将电商与短视频社区结合起来，一方面既让用户从短视频中获取感兴趣的内容，比如如何画眼线不手滑、服装搭配的几大窍门等；另一方面用户可以直接通过点击商品的链接进行购物，实现短视频的变现。

2016年9月，抖音短视频APP上线，这是一个专注于年轻人的、15秒音乐短视频社区。同样以流量变现为主的抖音成功地引起了大众注意——其日均视频播放量已经过亿。为了长久地稳固自己的地位，抖音还发展了"短视频+直播"的营销模式。

> **专家提醒**
>
> 目前已经出现了三大类型的短视频平台,即资讯类、社交类和垂直类;各大平台的营销模式主要也有三种,即广告变现、平台分成以及电商变现。总体来说,短视频营销的模式仍然处于不停变化和探索之中,还有很多方式可供发现和挖掘。

1.1.4 常见短视频的类别

短视频的类型多种多样,形式也不断更新,随着时代的进步而发展。要想通过短视频进行营销和运营,就必须全面了解短视频的不同类型——不同的类型有不同的特色,不同的特色能够展示出不一样的风采。图1-6所示为8大常见的短视频类别。

网络视频广告 → 通常会出现在网络视频正式开播之前,或者是观看视频中间。相对于电视广告来说,网络视频广告的成本较低。因此,有的企业会根据产品的特点对广告的时长进行调整,比如1分钟的广告、30秒的广告都有可能在网络上出现

原创短视频 → 是网络视频的主要源泉之一,通常采用的是自己制作的,具有十分显著的独特性。目前来看,网络上的原创短视频主要来自三个方面,即由电视台与传媒企业发布、视频网站自制或推出自媒体人短视频以及视频团队与影视组织自创

宣传片 → 即通过视频拍摄的方式对企业的形象和文化进行诠释,并把它传递给广大受众,从而树立企业的良好口碑,打响品牌,吸引更多人消费。一般来说,宣传片可细分为不同类型,如企业宣传片、产品宣传片、公益宣传片和招商宣传片

品牌广告 → 与宣传片有些类似,即个人、组织或企业根据举办的活动内容所制作的相关短视频。一般以会议、庆典、博览等形式呈现,但它与宣传片明显有一点不同:它的主题非常明确

系列短片 → 指在主题和内容上具有一致性,可以串联起来的影片,而且它是由多个剧集组成的短片。它的集与集之间是环环相扣、紧密联系的,并且可以构成一个完整的故事。一般而言,系列短片可以分为两种,即系列广告和微剧集

第1章 入门：关于短视频你必须要知道这些

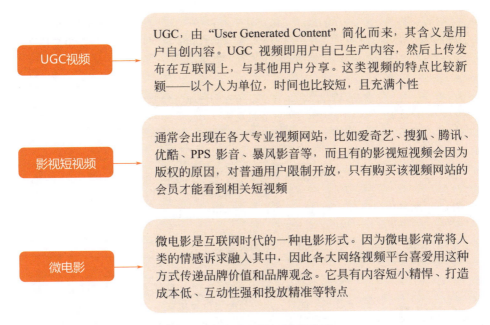

图1-6 8大常见的短视频类别

1.1.5 短视频的营销优势

营销，就是根据消费者的需求去打造销售产品和服务的方式和手段，主要有网络营销、服务营销、体验营销、病毒营销、整合营销以及社会化营销等。短视频属于网络营销的一种，也是具有巨大潜力的营销方式之一。与其他营销方式相比，短视频营销有哪些得天独厚的优势呢？具体如图1-7所示。

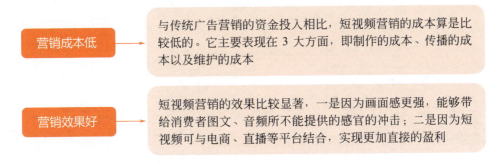

图1-7

| 营销指向强 | 短视频可以准确地找到企业的目标消费者，从而达到精准营销的目的。其原因就在于：一方面短视频平台通常都会设置搜索框，对搜索引擎进行优化；另一方面是可以在短视频平台上发起活动、比赛，聚集用户 |

| 受众群庞大 | 自 2017 年以来，短视频行业蓬勃发展，其中用户规模更是呈现出爆发式增长态势——截至 2018 年 6 月，用户规模达到了 5.94 亿，占网络视频用户 97.5% |

| 互动性良好 | 几乎所有的短视频都可进行单向、双向甚至多向的互动交流。对企业而言，这一优势能帮助企业获得用户的反馈，从而有针对性地对自身进行改进；对用户而言，他们可以通过与企业发布的短视频进行互动，从而对企业的品牌进行传播，或者表达自己的意见和建议 |

| 传播速度快 | 短视频本身就属于网络营销，因此能够迅速地在网络上传播开来。此外，用户在与短视频互动时，不仅可以点赞、评论，还可以转发，就很有可能达到病毒式传播的效果。当然，短视频还积极与社交平台达成合作，进而吸引更多的流量，这也是推动短视频快速传播的重要因素 |

| 存活时间长 | 相较于电视广告，短视频一时之间不会因为费用问题而停止传播，因此存活时间久。这与短视频打造的较低成本分不开——大多都是用户自己制作并上传的，所以费用一般相对较低 |

| 效果可衡量 | 不管是社交平台上的短视频，还是垂直内容的短视频，都会展示出播放量、评论量等。通过这些数据可以对视频的传播和营销效果进行分析和衡量 |

图 1-7　短视频的营销优势分析

1.2　价值：把握短视频的闪光点

短视频营销的商业价值在于，企业可以利用短视频进行营销。简单来说，商业价值也就是短视频进行营销的闪光点。笔者认为，其闪光点主要体现在 3 个方

1.2.1 打造企业优质网站

对于企业来说,想要让消费者和投资者全面地了解自己,就应该注重网站的设计和展示。随着互联网日新月异的发展,消费者对企业的网站要求越来越高,因此,通过短视频来介绍企业的相关信息是比较合适的选择。图1-8所示为万达企业的网站借助短视频介绍相关信息。

图1-8 万达企业通过短视频介绍相关信息

不仅如此,万达企业还专门开设了一个视频版块,里面涵盖了不少内容,比如"董事长演讲""万达宣传片""企业活动""媒体报道""微电影大赛"等。来浏览网站的人可以通过这些短小精悍的视频来对企业文化及产品信息进行一定的了解,而且了解得更为直观和真切。

在网站的设计中,企业还可以将用户的评价和反馈通过短视频的方式展示出来,以获得其他消费者的信任,从而更好地进行营销,积累人气。

万达通过视频中心构建了一个为受众提供全面信息的平台,同时能够提升消费者对万达企业的好感度和认知度,进而促使消费者购买其产品和服务。图1-9所示为万达企业的"视频中心"版块播出的关于万达LOGO背后的故事的短视频。

图1-9 介绍万达LOGO背后的故事的短视频

1.2.2 提供显著营销效果

短视频营销的商业价值就在于它能够为企业提供显著的营销效果,因为现在销售人才比较紧缺,优秀的销售人才更是寥寥无几,而且寻找这样的出色人才还要耗费不小的成本。

因此,企业通过短视频进行营销,拥有许多传统网络销售无法比拟的优点,可以对企业的多方面信息进行传递,具体传递内容如图1-10所示。

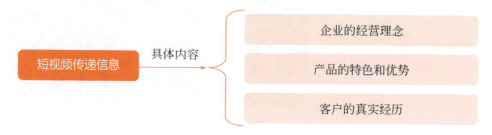

图1-10 企业利用短视频传递信息的具体内容

由于短视频自身的特点,因此能够让用户更加直观感受企业的特色,吸引用户前来观看。

1.2.3 让效果更具说服力

视频与图片、文字不同,它不能随意造假,相对而言是一个比较真实的展示企业信息的媒介。短视频如果具备以下3个特征,就能够吸引顾客的目光,从而使其深入到企业的内涵之中,对企业的方方面面有个比较直接的了解,如图1-11所示。

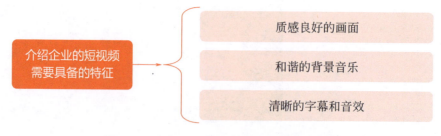

图1-11 介绍企业的短视频需要具备的特征

> 第1章 入门：关于短视频你必须要知道这些

没有一个企业是不想向顾客展示自己的完美形象的，因此他们可以通过短视频对产品、服务进行介绍，这样的展示更具说服力，能够使顾客更加相信企业，从而有力地推动产品的销售。

1.3 行业：多方面了解短视频发展

随着移动互联网的发展和智能手机的普及，传播领域呈现出明显的平台扩大化和内容多元化的特点。其中，短视频行业所代表的更直观的、立体化的传播形态也逐渐兴起和发展。

本节就围绕短视频行业的发展特点、发展方向、发展困境和解决对策等问题进行介绍，以便帮助读者更深入地了解短视频行业。

1.3.1 了解短视频行业发展特点

在各种各样的平台上，都逐渐有了短视频的立足之地。且这一内容形式正逐渐取代图文，成为用户最多、最受欢迎的内容形式。那么，在短视频行业快速发展的风口，它究竟有着怎样的特点呢？在此，笔者将从用户流量、平台内容和信息流三个方面进行介绍，具体如图1-12所示。

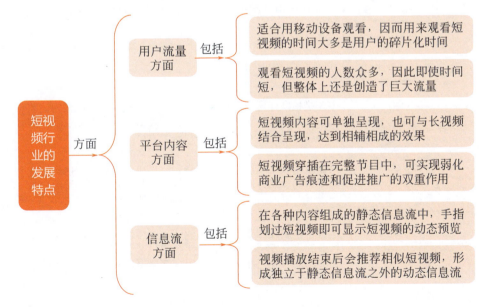

图1-12 短视频行业的发展特点介绍

1.3.2 未来短视频行业的3大方向

对于新媒体平台来说，2017年是它们发展转变和战略布局的重要一年——各平台纷纷进入短视频行业并重金入局，从而推动了短视频行业的快速发展。同样，2018年，对抖音短视频APP的发展来说，更是至关重要——自2018年春节以来，抖音短视频APP曾多次居于APP Store单日下载量榜首，且在非游戏类APP中的单日下载量榜首排名持续天数最长，成为名副其实的移动互联网最热应用，如图1-13所示。

图1-13　2017年我国APP Store中非游戏类APP的单日下载量榜首排名持续天数

在这样的发展态势和背景下，未来短视频行业将向着怎样的方向发展呢？本小节笔者将为大家做简单介绍，内容如图1-14所示。

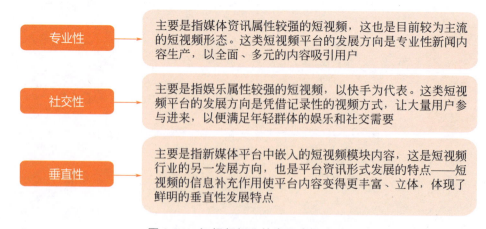

图1-14　短视频行业的发展方向介绍

1.3.3 短视频发展的5大困境

在短视频行业内,虽然不断有达人和网红出现,但是随着发展的深入,也出现了诸多问题,在平台发展过程中无法忽视,桎梏着行业的发展,最终陷入行业发展的困境。在笔者看来,短视频行业的发展主要表现在5个方面,具体内容如图1-15所示。

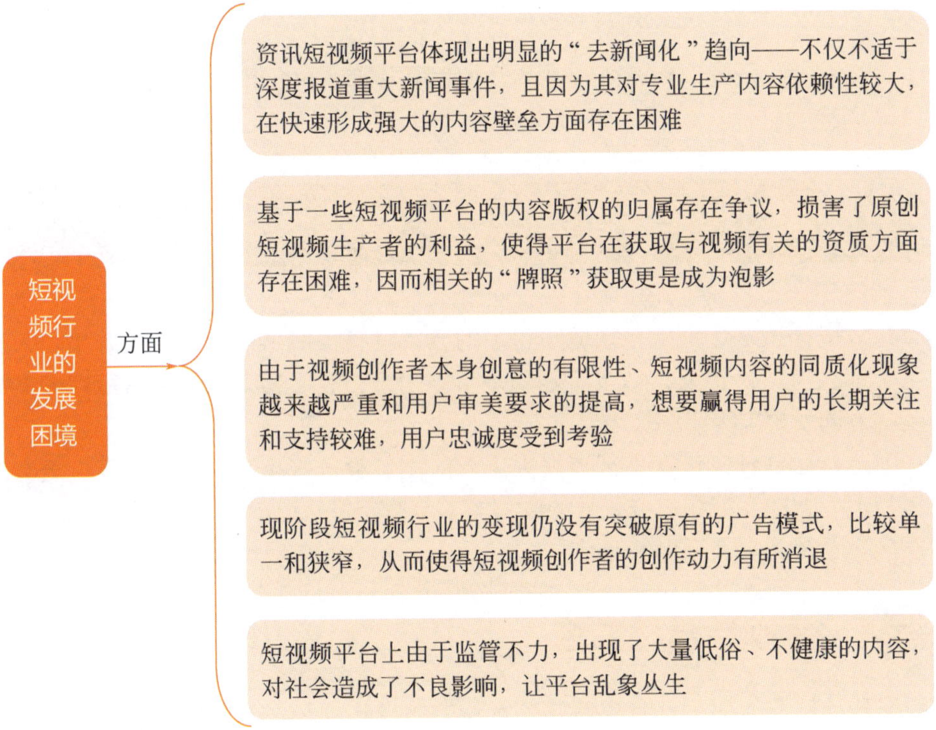

短视频行业的发展困境 —方面→

- 资讯短视频平台体现出明显的"去新闻化"趋向——不仅不适于深度报道重大新闻事件,且因为其对专业生产内容依赖性较大,在快速形成强大的内容壁垒方面存在困难

- 基于一些短视频平台的内容版权的归属存在争议,损害了原创短视频生产者的利益,使得平台在获取与视频有关的资质方面存在困难,因而相关的"牌照"获取更是成为泡影

- 由于视频创作者本身创意的有限性、短视频内容的同质化现象越来越严重和用户审美要求的提高,想要赢得用户的长期关注和支持较难,用户忠诚度受到考验

- 现阶段短视频行业的变现仍没有突破原有的广告模式,比较单一和狭窄,从而使得短视频创作者的创作动力有所消退

- 短视频平台上由于监管不力,出现了大量低俗、不健康的内容,对社会造成了不良影响,让平台乱象丛生

图1-15 短视频行业的发展困境介绍

1.3.4 帮助运营者走向成功的对策

有问题不回避,而是积极想出对策来解决,才是正确的行业发展之道。面对短视频行业发展的巨大利益风口,要想在新媒体领域获得更快、更大发展,是无法避开短视频这一传播媒介的诱惑的。此时就需要想出有效对策,帮助众多运营者走出行业发展困境。

在此,笔者针对上一小节中介绍的短视频行业的5大发展困境,从3个方面提出了解决对策,具体内容如图1-16所示。

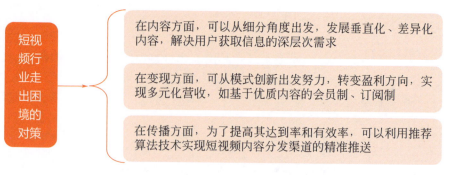

图1-16 短视频行业走出困境的对策介绍

1.4 误区：抖音运营中这些要避开

在短视频运营过程中，掌握了正确的方法就有可能事半功倍；而如果步入了误区，那么就恰恰相反，结果可能就是事倍功半，有时还有可能使得短视频向着相反的方向发展。

因此，运营者应该在进行短视频运营前就了解一些应该避开的误区，更有助于短视频行业的发展和自身账号的成长。本节笔者将介绍6个运营过程中比较常见的误区，希望能为大家提供助益。

1.4.1 重视后台轻前台

在移动互联网时代，从事新媒体行业的人越来越多——他们着力于在各种平台上通过内容获取流量和实现营销。

在短视频平台出现之前，这些新媒体人都是在微信公众号、今日头条、一点资讯等平台上运营的。此时，他们都会为了获取更好的运营和营销效果而选择多渠道去了解自身账号运营，如发布前先预览、发布后去浏览和评论自身账号发布的内容——在这些场景中我们都是用户身份，是利用前台进行操作的。

而短视频平台出现之后，运营者开始有了更广泛的运营阵地。但是这一过程中，他们却忽略了前台的使用，有的只是纯粹的后台操作——拍摄和发布视频。至于查看自身内容发布后的呈现效果和与用户进行互动，则很少有运营者去付诸实施。

其实这样的做法是不对的，其原因在于每个平台都有其自身的运营逻辑，短视频平台也是如此。如果运营者不去前台通过亲身查看去了解，那么很难真正了解该平台的用户行为，最终也很难成为该平台的运营获胜者。

1.4.2 完全不进行互动

在各种应用中，与用户互动是通过前台来进行的。上面也说过，很多运营者都忽略了这一点。而就短视频运营这一话题来说，与用户互动至关重要。在此，笔者以抖音为例来进行分析，具体原因如图1-17所示。

图1-17 短视频运营中与用户互动至关重要的主要原因分析

因此，对于那些不与用户互动的短视频运营账号，无论是对其长期发展还是短期发展来说都是不利的，是运营者要坚决避开的一大误区。

可能有人会问，对那些每条短视频都有几十万、几百万甚至几千万点赞量的运营账号来说，其评论数也会非常多，难道与用户互动就要每条都回复吗？当然不是。运营者的精力是有限的，因此，可以选择一些有想法、有价值的评论进行回复和互动即可，如图1-18所示。

图1-18 在评论区选择性地与用户进行互动

1.4.3 过度重视热点作用

大家都知道，在互联网时代，热点都是自带流量的，能赢得更多关注，因此，很多运营人都会选择利用热点来进行内容、品牌等推广。确实，追热点是一种有效的运营推广方法，但是要知道，无论什么，都过犹不及。

所以，在追热门的时候，不要硬追热门，而是要注意热门匹配与适度，如图1-19所示。

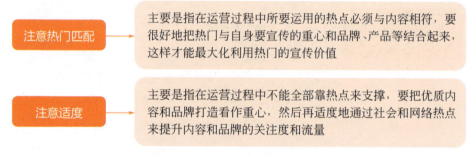

图1-19 追热门要注意的问题介绍

说了这么多，其实原因就是其在推广和引流方面的效果。如果运营者硬追热门，而内容没有什么价值，所宣传和推广的品牌也没有值得肯定和称颂的地方，那么，这样的热门内容是完全留不住用户的，用户观看过后只有一种结果，那就是马上或过一段时间就取消关注。

可见，要想引导更多用户关注，提升用户黏性，优质内容和好的品牌是基础，而热点只是让这一基础更吸引人的一种方法和策略。因此，运营者不要本末倒置，为了硬追热门而置内容、品牌和产品等于不顾，这样是不利于打造爆款的。

特别是对于短视频这样更多的是通过视觉信息来吸引用户的内容形式，只是硬追热门的做法根本不可取，运营者要做到的是让更多用户受热点的吸引而关注你，进而肯定其价值，乐意点赞、评论和转发。这样的短视频运营才是成功的，才是打造百万视频大号的正确方式。

1.4.4 运营平台十分狭窄

在短视频运营过程中，有些人可能会觉得选择的平台太多，渠道太广，一下子难以运营和管理。因此，一般都会选择一两个热门平台来进行运营，这样的话，既能抓住用户流量，又能节省运营精力和时间，可谓是一举两得。

然而，实际上，这种运营方法也是短视频运营要注意避开的误区。因为，作为一个运营新手，在竞争激烈的热门平台上，要想脱颖而出还是比较困难的，众多的运营者都折戟成沙，夭折在运营时时不见效果、信心丧失的阵地上。

为了避免这一结果，运营者应该多多拓展运营渠道，尽量不要保持渠道单一。当然，在拓展运营渠道的过程中，运营者可以选择从多个角度入手。以抖音短视频为例，就可利用以下几大渠道来进行运营推广，如图1-20所示。

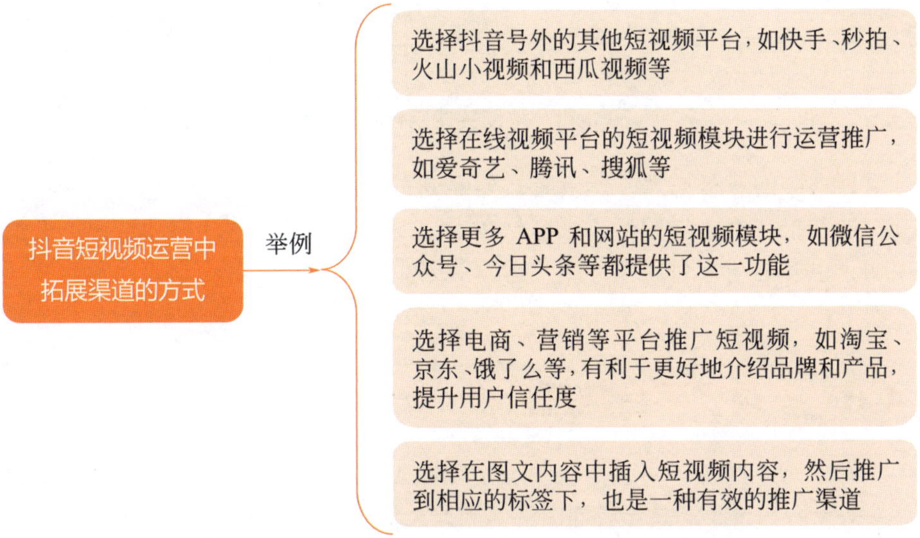

抖音短视频运营中拓展渠道的方式 — 举例：

- 选择抖音号外的其他短视频平台，如快手、秒拍、火山小视频和西瓜视频等
- 选择在线视频平台的短视频模块进行运营推广，如爱奇艺、腾讯、搜狐等
- 选择更多 APP 和网站的短视频模块，如微信公众号、今日头条等都提供了这一功能
- 选择电商、营销等平台推广短视频，如淘宝、京东、饿了么等，有利于更好地介绍品牌和产品，提升用户信任度
- 选择在图文内容中插入短视频内容，然后推广到相应的标签下，也是一种有效的推广渠道

图1-20　举例介绍抖音短视频运营中拓展渠道的方式

在如图1-20所示的多渠道短视频运营推广的背景下，再把用户从其他平台和渠道吸引到抖音平台上，那么从新手开始，积少成多，最终打造用户关注度高和推广效果好的抖音号也就不无可能了。

当然，要避开运营渠道单一的误区，还有一个很重要的原因，那就是不同渠道和平台的目标用户是不同的。如果运营者在前期工作中因为定位不精准而选择了偏离其目标用户的平台和渠道，那么其运营推广效果可想而知。即使运营者定位精准，在自身账号的目标用户定位也有可能与多个平台重合的情况下，只选择了其中一二，那么必然造成流量和资源的浪费，不能发挥出运营的最大作用。

1.4.5　对渠道动态很漠视

运营者在进行短视频推广时，所选择的平台和渠道都是在时刻发生变化的。只有了解和洞悉了这些变化情况，才能在众多账号中脱颖而出，成功成为业界大咖。那么，运营者应该关注平台哪些方面的动态呢？具体说来，主要包括三类，具体如图1-21所示。

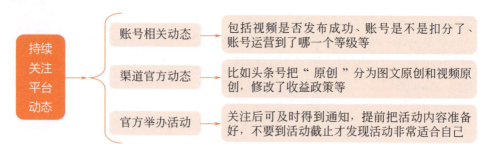

图1-21 持续关注平台动态介绍

图1-21中的三类信息是运营者需要时刻关注的,而不能撇开它,只专注于短视频打造和推广,这样的话,极容易在不清楚自身账号运营动态的情况下做很多无用功,也容易与平台脱节,影响运营效果。因此,运营者一定要注意避开不持续关注平台动态的误区,转而成为平台动态最忠实的反映者和参与者。

1.4.6 不重视平台数据分析

一般来说,抖音、快手、秒拍等短视频APP平台的数据相对于微信公众号、今日头条后台来说,还是比较简略的。因此,很多人忽略了数据及其相关信息。

其实,这样的做法是错误的。运营者如果只是纯粹去拍摄和发布短视频,而没有关注用数据来衡量的运营状态和效果,那么根本就不能很好地了解自身账号的运营情况,想要获得提升也就很难了。

可能有人会说,运营者之前会去查看各种运营效果和数据,是因为有这样的多样化的条件——除了微信公众号、今日头条和一点资讯等平台后台本身的数据外,还有新榜、清博等专门的数据平台。而对于短视频平台来说,特别是各种短视频APP,一般只能在APP上查看大概的效果和数据。

其实,短视频的各种运营效果和数据也是可以通过一些渠道来了解的,如大家喜欢的抖音,就可在"西瓜短视频助手"后台的"工作台"页面点击 ⊕ 按钮添加抖音号,如图1-22所示,然后,就可进入相关页面查看数据了,当然数据分析是不可少的,它是指引用户成功的关键。

图1-22 "西瓜短视频助手"后台添加抖音号的操作

第2章
名片：打造属于你自己的短视频平台

> **学前提示**
>
> 了解了短视频及短视频营销的入门知识后，就要开始进行正式运营了。对运营者来说，首先还是需要在平台上下功夫，也就是说决定要打造一个怎样的短视频平台运营名片。本章将从如何选择平台和如何进行平台设置两个方面入手来介绍自身短视频平台名片的打造。

> **要点展示**
>
> ➢ 平台：选择你的短视频战场
> ➢ 设置：设计你的短视频名片

2.1 平台：选择你的短视频战场

说到短视频，就会让人想到各式各样的手机视频APP和在线视频平台。它们不仅提供拍摄短视频的良好平台，而且还各具特色，让短视频制作和推广变得简单可行。本节笔者将介绍一些运营者青睐的平台，帮助大家提升对短视频平台的了解。

2.1.1 抖音：记录美好生活

相对于一般的短视频拍摄软件来说，抖音短视频APP的出现犹如一股清流——抛弃传统的短视频拍摄，转而拍摄音乐短视频。对于如今的年轻人来说，这一软件的出现，能让他们以不一样的方式来展示自我。此外，抖音短视频APP的音乐中的节奏感十分明朗强烈，让追寻个性和自我的年轻人争相追捧。

相比于其他的短视频拍摄软件只是在视频的呈现方式上下功夫，抖音短视频APP则是另辟蹊径，以音乐为主题进行视频拍摄，这是其最大特色。

抖音短视频APP作为一款音乐短视频拍摄软件，主要功能自然是音乐视频的拍摄。此外，抖音短视频APP还有一些小功能值得发掘，举例介绍如下。

● 在首页为用户提供相关的音乐推荐，用户可以根据自身的喜好选择相应的背景音乐。

● 用户也可以选择快拍或者慢拍两种视频拍摄方式，并且具有滤镜、贴纸以及特效，帮助用户将音乐短视频拍摄得更加具有多变性和个性。

● 抖音短视频APP还能将拍摄的音乐短视频分享到朋友圈、微博、QQ空间，以及有针对性地分享给微信朋友等。

因此，运营者如果想要利用抖音平台推广短视频，就需要利用好该平台上的所有可利用的功能，并结合平台所具有的特色和优势。

专家提醒

抖音短视频APP因为是主打音乐短视频的，成为视频拍摄软件中的一股清流。但也是这一股清流的类型太过于固定，所以自然也就局限于音乐短视频当中。作为音乐短视频拍摄软件来说，抖音短视频APP几乎深受年轻人的欢迎，但在拍摄除音乐视频之外的其他视频时，就能看出很明显的后劲不足。

2.1.2 快手：记录世界记录你

以"记录世界，记录你"为口号的快手自2012年转型为短视频社区以来，就着重于记录用户生活并进行分享。其后，随着智能手机的普及和流量成本的下降，这一款手机应用也迎来了发展的春天。

截至2017年3月，快手的用户已达到4亿，日活跃用户数也达到了4000万。发展到2018年12月，快手APP的下载安装已经达到了43亿多次。可以说，在各款短视频中，快手的下载安装次数是最多的。

在笔者看来，快手发展得如此迅速，是与其APP特性和热门综艺认证分不开的，如图2-1所示。

图2-1 快手APP详情介绍

就如图2-1中提及的滤镜和魔法表情，就是喜欢拍摄短视频的运营者需要用到的，且在这方面还是有一定优势的，特别是在种类和效果上。图2-2所示为快手的部分滤镜和魔法表情展示。

另外，快手区别于其他短视频平台的一个重要特征就是其在功能的开发上，并不着重于多，而是追求简单易用，并积极进行功能的提升。正是这一特征，使得用户乐于使用快手来制作、发布和推广短视频。

以快手的拍摄功能为例，如果运用得好，就能打造需要的优质视频并促进推广了。首先，可以拍摄具有不同时长限制的视频，具体内容如图2-3所示。

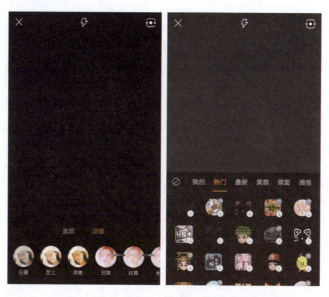

图2-2 快手的部分滤镜和魔法表情展示

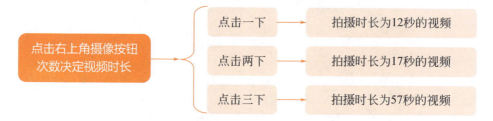

图2-3 点击右上角摄像按钮次数决定视频时长

专家提醒

当运营者点击两下或三下时,在拍摄页面会出现"隐藏功能"信息提示框,显示"本模式下可拍摄或截取长达17秒的视频"或"本模式下可拍摄或截取长达57秒的视频"的字样。

其次,在快手用户推广视频时,为达到上热门的运营目标,可以设置双标题或多标题。其操作为:在视频编辑页面,点击"更多"按钮,展示更多功能;点击"文字"按钮,进入"文字"页面;选择标题背景和形式,输入文字设置第一个标题;完成后,再次选择标题背景和形式,输入文字设置第二个标题,如图2-4所示。这样设置后的视频就会在播放时在相应位置显示设置好的字幕和标题,效果如图2-5所示。

> 第2章 名片：打造属于你自己的短视频平台

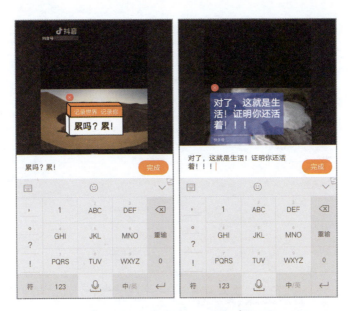

图2-4 快手短视频的双标题设置操作

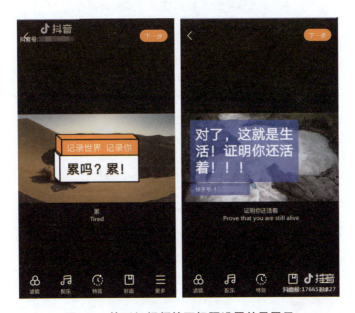

图2-5 快手短视频的双标题设置效果展示

第三，运营者如果想要利用短视频推广产品，同样可以在快手中进行设置。在"发布"页面，可以看到一个"个性化设置"按钮，点击该按钮；进入相应页面，通过点击"添加商品或店铺"按钮即可进行相应设置，在发布视频时接入商品或店铺，如图2-6所示。

图 2-6　快手短视频的接入商品或店铺设置

2.1.3　火山：让世界为你点赞

火山小视频 APP 是由北京微播视界科技有限公司研制发布的一款主打 15 秒短视频拍摄的手机视频软件。它号称最火爆的短视频社交平台，以视频拍摄和视频分享为主。

火山小视频 APP 作为 2017 年热度较高的一款短视频拍摄软件，有其独特性，主要包括 5 个方面，如图 2-7 所示。

图 2-7　火山小视频的特点

同时，火山小视频为了加快发展，吸引更多人关注和参与，推出了一系列与小视频相关的扶持计划，如图2-8所示。

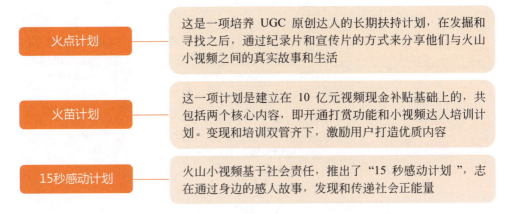

图2-8 火山小视频推出的平台扶持计划

> **专家提醒**
>
> 火山小视频APP出生于短视频软件满天飞的时候，与市面上众多的短视频拍摄软件相比，火山小视频APP并不具太多优势，但是火山小视频APP在拍摄完视频之后的编辑之中，却有独一无二的"抖动""黑魔法""70年代""灵魂出窍"以及"幻觉"这5款特效处理，让视频充满个性化的同时又别具一格。

因此，在火山小视频APP上进行推广，一方面可以借助该应用的特点打造个性化视频，另一方面可以借助平台的扶持政策，做到两者兼收，那么其短视频运营之路还是可期的。

2.1.4 微视：随便拍拍都有趣

微视作为BAT三大巨头之一腾讯旗下的短视频创作和分享平台，是可以实现多平台同步分享的。同时，它作为腾讯的战略级产品，一直处在不断更新和功能研发中。如图2-9所示为微视APP的一些版本及功能介绍。

微视产品的品牌口号（Slogan）为"发现更有趣"，因此，其短视频内容运营和推广也正是基于这一点而制作的，包括3大主要特点和方向，即"超好拍""超好看"和"超好笑"，如图2-10所示。

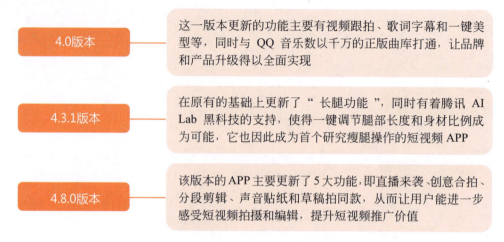

图2-9 微视APP的一些版本及功能介绍

[超好拍]
随便拍都有趣：神奇画笔，粒子特效，高清美颜，千万正版音乐，尽情玩。还有视频达人手把手，教你拍出创意大片！
[超好看]
小哥哥小姐姐怎么这么好看嘤嘤嘤…
小宝宝小猫猫怎么这么萌啊喵喵喵。
帅气激萌超酷美腻，总有一款适合你。
[超好笑]
哈哈哈哈哈哈哈笑出声，活动话题全程高能，百看不厌。

图2-10 微视的3大主要特点和方向

在笔者看来，微视与前面介绍的抖音有着很大的相似之处。当然，同样也存在一些不同。首先，在短视频拍摄页面，微视的"美化"功能包括了4项内容，相对于其他APP来说，多了"美妆"和"美体"两项，且在美颜上其各选项呈现出更加细化、多样化的特征，如图2-11所示。

其次，在短视频拍摄页面，微视的"海报"功能和"声音"功能也是微视短视频的亮点之一。运营者可以利用微视"海报"和"声音"制作更多画面更有创意、声音个性化与多样化的短视频。如图2-12和图2-13所示为微视的"海报"功能和"声音"功能页面。

第 2 章 名片：打造属于你自己的短视频平台

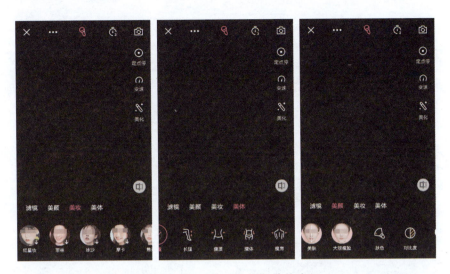

图 2-11 微视的"美化"功能介绍

图 2-12 微视的"海报"功能页面

图 2-13 微视的"声音"功能页面

当然，微视 APP 的差异之处还不止这些，这里就不再一一介绍，运营者可以试着通过拍摄进行对比。

2.1.5 西瓜：给你新鲜好看的

西瓜视频 APP 是今日头条旗下的独立短视频应用，同时也可看作是今日头条平台上的一个内容产品，其推荐机制与头条号的图文内容并无太大差别——都是基于机器推荐机制来实现的。通过西瓜视频平台,众多视频创作者可以轻松地向大家推广和分享优质视频内容。

基于西瓜视频与今日头条平台的关联,运营者可以通过今日头条平台后台进行短视频的运营和推广。而通过今日头条平台后台的西瓜视频发表和推广短视频,具有多个方面的优势,具体分析如下。

1. 利用合辑功能

"发表合辑"是为适应视频内容的发展而推出的新功能,指的是视频集合,当然,这种集合并不是简单地把多个视频组合在一起,而是需要运营者对已发表的视频内容进行重新组织和整理之后的集合,是具有自己思想的、有固定主题的视频集合的发表。

因此,运营者可以把有着相同主题的一系列短视频进行整理,再设置一个吸引人的主题名称,就能吸引众多想要获取某一方面知识且想要系统学习的人来关注,最终实现短视频推广的目标。

专家提醒

在视频"合辑"功能中,所选择的视频既可以是自身发表的视频,也可以是其他人发表的视频。但是无论运营者选择什么样的视频,都必须坚持一个原则和中心,那就是所有选择的视频要有一个中心主题。

2. 设置金秒奖

通过今日头条后台的西瓜视频发布的,还可以参与金秒奖。一般来说,出现在"金秒奖"频道首页中的内容,都有较高的流量,有些更是高达百万播放量,引发了传播裂变。即使参与评选之后,并没有获得相关奖项,也能通过与"金秒奖"这一短视频行业的标杆事件发生关联而增色不少。

因此,运营者可以发表自己制作的优质的短视频内容,参与金秒奖。当然,这里的质量主要包括两个层面的内容:一是所呈现出来的视频内容的质量;二是拍摄、制作的视频在图像、音效和字幕等多个方面的质量。只有这样,才能打造优质短视频,也才能在众多参与作品中获胜,夺得桂冠,为自身短视频内容打上优质标签,从而吸引大量用户阅读。

3. 多样推广方式

西瓜视频还为了扩大推广范围和提升推广效果,积极进行多方面的营销尝试,如2017年6月的"找回新鲜感"跨界营销活动就吸引了众多人参与,刷爆朋友圈。

在这一活动中,西瓜视频围绕"西瓜"这一当季水果,与百果园、果多美企业合作，一方面在30万颗西瓜上贴上创意标语和二维码，并通过扫描二维码为购买者提供与"找回新鲜感的45种方式"相关的短视频内容；另一方面还准备了一个360°全方位环绕的视频体验馆，带给用户身临其境的观影震撼，成功地让年轻人排起了长队观看，如图2-14所示。

图2-14 西瓜视频体验馆

2.1.6 美拍：每天都有新收获

美拍APP是一款由厦门美图网科技有限公司研制发布的一款集直播、手机视频拍摄和手机视频后期于一身的视频软件。

美拍APP自2014年刚面世以来，就赢得了众多人的狂热参与，可以算得上开启了短视频拍摄的大流行阶段。后经众多明星的使用与倾情推荐，将其真正深入到人们的心中，每当人们一想起短视频拍摄，总会想到美拍APP，所以这款软件深入民心的程度可见一斑。

美拍APP的最大特色是四"最"，具体如图2-15所示。

图2-15 美拍APP最大特色

此外，美拍APP主打"美拍+短视频+直播+社区平台"。这是美拍APP的第二大特色，从视频开拍到推广和分享，一条完整的生态链，足以使它为用户积蓄粉丝力量，再将其变成一种营销方式。

美拍APP主打直播和短视频拍摄，以20多类不同类型的频道吸引了众多粉丝的加盟与关注。图2-16所示美拍APP的视频拍摄页面的主要功能用法展示。

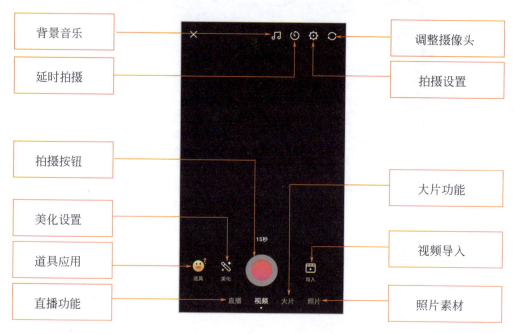

图2-16　美拍APP主要功能用法页面展示

专家提醒

图2-16中的"大片功能"，是美拍APP的7.9.3版新增的一个功能，点击图中的"大片"按钮，即可进入相应页面，在弹出的页面中显示了10秒MV、照片视频和舞蹈跟拍器三种拍摄方式，用户可以根据自身需要选择合适的方法拍摄短视频。

除图2-16所示的拍摄功能外，美拍APP还有些细节功能：一是为用户提供了15秒、60秒以及5分钟的视频时长选择，为用户的短视频拍摄时长提供了更多种选择；二是强大的MV特效和大头电影等有趣的功能，能帮助用户拍摄出更具个性化的手机短视频；三是表情文让照片也能说话，提供在线音乐，边听边感受。

> 第2章 名片：打造属于你自己的短视频平台

专家提醒

美拍APP主打直播与美拍，而且其拍摄视频的时长虽然做出了相应的改变，但用户还是比较受限制，只能选择软件提供的几种时长方式，用户并不能自定义视频拍摄时长，所以在进行美拍APP视频推广时，要注意视频拍摄时间长度的把握。

2.1.7 爱奇艺：悦享品质

爱奇艺是一个以"悦享品质"为理念的、创立于2010年的视频网站。在短视频发展如火如荼之际，爱奇艺也推出了信息流短视频产品和短视频业务，加入短视频发展领域。

一方面，在爱奇艺APP的众多频道中，有些频道就是以短视频为主导的，如大家喜欢的资讯、热点和搞笑等。如图2-17所示为爱奇艺"资讯"和"热点"频道的短视频内容展示。

图2-17 爱奇艺"资讯"和"热点"频道的短视频内容展示

另一方面，它专门推出了爱奇艺纳逗APP。这是一款基于个性化推荐的、以打造有趣和好玩资讯为主的短视频应用。如图2-18所示为爱奇艺推出的爱奇艺纳逗短视频类APP介绍。

当然，在各有优势的短视频社交属性、娱乐属性和资讯属性等方面，爱奇艺选择了它自身的方向——偏向娱乐性。无论是爱奇艺APP的搞笑、热点频道，还是爱奇艺纳逗APP中推荐的以好玩、有趣为主格调的短视频内容，都能充分地体现出来其娱乐性。

图2-18　爱奇艺推出的爱奇艺纳逗短视频APP介绍

而对于运营者来说，正是因为爱奇艺在某些频道上的短视频业务偏向于专门的短视频APP开发，让他们找到了推广短视频的平台和渠道。同时，爱奇艺作为我国BAT三大视频网站之一，有着巨大的用户群体和关注度，因而如果以它为平台进行短视频运营推广，其效果应该是不错的。

2.1.8　腾讯：不负好时光

腾讯视频是我国市场最大且发展最迅速的在线视频平台，它于2011年正式上线运营。对于短视频运营者来说，腾讯视频网站是有着巨大优势的——拥有最大的移动端日活跃用户和付费会员。且在短视频迅速发展起来的情况下，腾讯视频也开始多处布局短视频内容，共推出了众多短视频产品，举例介绍如图2-19所示。

图2-19　腾讯视频网站布局的十款短视频产品举例

> 第2章 名片：打造属于你自己的短视频平台

当然，在腾讯视频其本身的平台上，短视频内容也不遑多让——很多频道中都包含有短视频内容身影。特别是在"小刷"频道，呈现出来的完全是一个与其他短视频APP一样的页面布局——分两列多栏的列表格式展示（见图2-20），其内容大多是不到一分钟的短视频内容。

且在该频道中，用户点击短视频跳转到相应页面后，除了同其他短视频平台一样展示内容外，它还会在页面上显示"发弹幕"图标，如图2-21所示，有利于运营者与用户、用户与用户之间更好地进行互动，从而在社交短视频化方面走得更远。

图2-20 "小刷"频道的列表式布局页面

图2-21 显示"发弹幕"图标

2.1.9 优酷：这世界很酷

优酷是国内成立较早的视频分享平台，其产品理念是"快者为王——快速播放，快速发布，快速搜索"，以此来满足多元化的用户需求，并成为互联网视频内容创作者（在优酷中称为"拍客"）的集合地。

在优酷平台上，不管你是资深摄影师，还是一个拍摄爱好者，也不管你使用的是专业的摄像机，还是一部手机，只要是喜欢拍视频的人，都可以成为"拍客"。

除了"拍客"频道外，优酷还推出了"原创"和"直播"等频道，来吸引那些喜欢原创并且热爱视频的用户。在优酷"原创"频道中，有很多热爱视频短片的造梦者，他们不断坚持并实现自己的原创梦想，借助平台诞生了一大批网络红人,同时他们也为优酷带来了源源不断的原创短片。

在优酷平台上还有一个"科技"频道。在该频道上,用户可以观看各种与科技产品相关的视频,比如手机测评、概念机曝光等。这些内容对于经营与科技相关产品的企业来说,是一个非常不错的产品宣传渠道和短视频内容推广渠道,具体分析如图2-22所示。

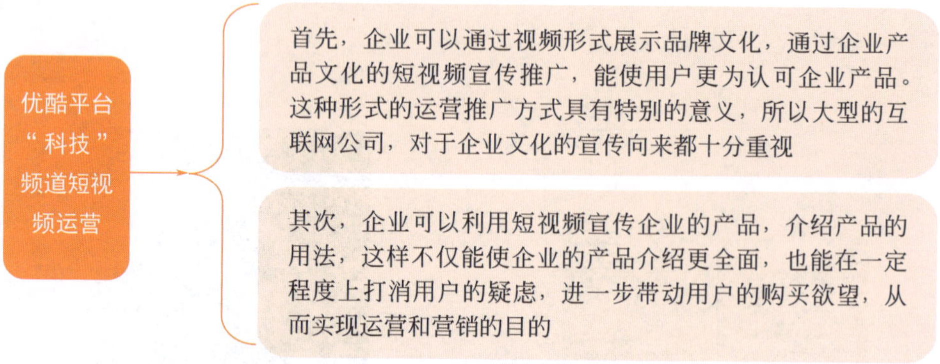

优酷平台"科技"频道短视频运营
- 首先,企业可以通过视频形式展示品牌文化,通过企业产品文化的短视频宣传推广,能使用户更为认可企业产品。这种形式的运营推广方式具有特别的意义,所以大型的互联网公司,对于企业文化的宣传向来都十分重视
- 其次,企业可以利用短视频宣传企业的产品,介绍产品的用法,这样不仅能使企业的产品介绍更全面,也能在一定程度上打消用户的疑虑,进一步带动用户的购买欲望,从而实现运营和营销的目的

图2-22 优酷平台"科技"频道运营分析

2.2 设置:设计你的短视频名片

在人际交往中,名片是一个能快速促进双方了解的媒介,也是双方进行自身推广的媒介。在互联网环境中,在运营平台上进行巧妙设计,打造出一张吸精名片同样很重要。本节就以抖音为例,从短视频平台的基础信息设计和发布短视频内容的信息设置出发,介绍打造短视频名片的方法。

2.2.1 注册:开启名片打造之路

一般来说,在一些APP上登录了之后就表示用户注册成功了。"抖音短视频"APP就是如此。图2-23所示为"抖音短视频"APP登录页面。

从图2-23所示的登录页面可以看出,用户可以通过多种方式注册并登录抖音号。具体说来,按其途径来分主要有三种,即手机号登录、第三方平台账号登录和密码登录。其中,抖音号默认的登录页面即为2-23所示的手机号登录页面。

而第三方平台账号登录还可以分为今日头条、腾讯QQ、腾讯微信和新浪微博四种。图2-24所示为抖音号的用微信登录页面。

> 第2章 名片：打造属于你自己的短视频平台

另外，要想注册并登录抖音号，还可以通过密码登录的方式来完成操作。图2-25所示为密码登录页面。利用这种方式进行注册并登录，用户需要输入手机号并利用找回密码的方式重新设置密码，即可完成抖音号的注册和登录。

图2-23 "抖音短视频"
APP登录页面

图2-24 "抖音短视频"
微信登录页面

图2-25 "抖音短视频"
账号密码登录页面

关于上面介绍的三大类抖音号注册与登录方式，各有其优势，如利用手机号登录和第三方平台账号登录，运营者可以找到与之相关的好友——手机号登录找到通讯录好友、微信登录找到微信好友……而利用密码登录，它不仅具有与手机号登录相同的优势，同时还具有其他方面的优势，具体如图2-26所示。

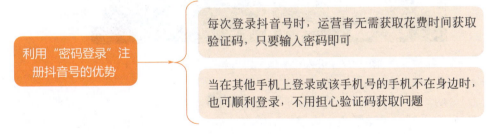

图2-26 利用"密码登录"注册抖音号的优势分析

2.2.2 头像：一眼吸引你的受众

头像在一定程度上代表了抖音号的形象，是抖音号用来吸引用户的主要元素——它能在第一时间给用户留下深刻印象，吸引众多用户关注。因此，运营者在设置抖音号头像时一定要注意。

一般来说，不同类型的抖音短视频运营者会选择不同的抖音号头像。例如，机构类和企业类抖音号，会以机构或企业名称作为头像的主体，或是会选择机构或企业LOGO；个人类抖音号，能体现其特色的头像就更多了，可以是个人照片，可以是风景照，还可以是其他各种与抖音号内容相关联的图片。

运营者注册之后，想要修改默认的抖音头像，其操作是非常简单的，可以在"我"页面通过两种方式进入"编辑个人资料"页面进行修改，具体如下。

其一，❶运营者可以直接点击默认头像图片，进入头像大图显示页面，❷点击"编辑"按钮，即可进入"编辑个人资料"页面，如图2-27所示。

图2-27 进入"编辑个人资料"页面的方法（1）

其二，❶运营者可以点击页面右上角的 按钮，进入"设置"页面，❷在"账号"栏区域点击"编辑个人资料"按钮，进入相应页面修改，如图2-28所示。

在"编辑个人资料"页面上，❶运营者只要点击上方的"点击更换头像"按钮，即可弹出相应窗格，该窗格中显示了设置抖音号头像图片的两种方法，即"从相册选择"和"拍照"，如图2-29所示。❷运营者可以选择一种方式设置抖音号的头像。图2-30所示为"手机摄影构图大全"抖音号头像的放大图片显示效果。

> 第 2 章 名片：打造属于你自己的短视频平台

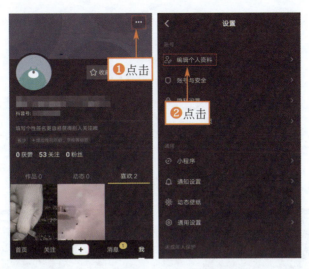

图 2-28 进入"编辑个人资料"页面的方法（2）

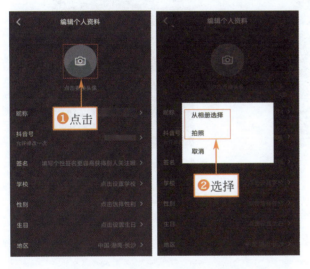

图 2-29 "编辑个人资料"页面

图 2-30 "手机摄影构图大全"抖音号头像

专家提醒

抖音号头像确定了后，一般情况下还是不要更换为好。当然，当出现了新的更有价值的内容，当企业或机构更换了名称、LOGO……就可考虑更改头像，且有时是必须要更换头像。

2.2.3 昵称：让受众快速记住你

对运营者来说，昵称是让用户搜索到你的依据。因此，在进行设置时必须掌握一定的技巧，以便提升自身账号的曝光度和关注度。然而，在考虑设置怎样的昵称时首先还是需要知道如何去设置和操作。其操作步骤如下所述。

在抖音号的"编辑个人资料"页面，❶点击"昵称"按钮，如图2-31所示；进入"修改昵称"页面，❷在"我的昵称"区域重新输入想要的昵称（字数控制在20字以内）；修改完成后，❸点击"保存"按钮，如图2-32所示，即可完成抖音号昵称的修改设置。

图2-31 点击"昵称"按钮

图2-32 "修改昵称"页面

而关于设置怎样的昵称，应该结合抖音用户和自身账号特色。在抖音平台上，用户多是年轻的一代，他们往往更追求个性化。各种各样的花式昵称就是这一群体特征在抖音上的重要体现。相对于微信公众号、头条号等平台账号而言，抖音在昵称设置上明显就不拘一格。

专家提醒

在笔者看来，相对于微信来说，抖音号昵称也明显更具个性化。其原因主要在于抖音用户绝大多数都是30岁以下的年轻用户，而微信作为与QQ比肩的社交平台，可以说已经成为全民沟通工具，因此用户跨越更多年龄层次。

纵观抖音号昵称，要想一一说明其设置的技巧，那么是比较困难的，其原因还是在于个性化和多样性。因此,笔者在此以其中比较典型的抖音号昵称为例,介绍一些设置的技巧和方法。

(1)展现播主及其内容的个性属性的,如可爱、刚强、理性等。图2-33所示的昵称就是展现播主的可爱个性特征的。这一类抖音号恰好与平台的萌属性相结合。

(2)能体现播主独特性,或文艺,或简洁,或二次元等。这样的抖音号有"琴弦月色"。

(3)各种花式昵称,这样的昵称大都是受播主日常所听、所见和所思所想的启发而设置的,如"刚好遇见你""可能是个假Buff-""薯条遇上番茄酱"等,一般很难找到其设置方法和规律,当然,这样的抖音昵称也是不易与别人重复的。

(4)在抖音平台上,还有一种昵称也经常可见,其目的是提升亲切感和熟悉感,引导用户关注。这样的抖音号如"对方是你微信好友""对方是你电话联系人""对方是您多年不见的老同学""你是她好友""@对方已关注你""对方是你通讯好友"等。更重要的是,这样的昵称往往被很多人使用,只要一搜索,就能得出很多相同的结果。图2-34所示为"对方是你的好友"抖音号用户搜索结果。

图2-33 展现个性特征的抖音号昵称　　图2-34 "对方是你的好友"抖音号用户搜索结果

专家提醒

当然,这样的方法确实能提升亲切感和熟悉感,拉近双方距离,但是随着抖音的发展,平台用户逐渐增多,该方法已经被很多人使用,想要凭借它增加曝光度的难度也越来越大。

（5）沿用自身其他平台账号名称。这是自媒体人常用的方法，其目的是提升知名度，利用抖音短视频进一步吸引粉丝。

上面介绍了一些个人类抖音号的昵称设置方法，而关于企业、机构、商家等抖音号，要想在取名上提升曝光度，除了已经在其他平台有了一定名气的、比较有个性的昵称，可以继续沿用在抖音平台上外，在笔者看来，最好还是采取比较稳妥的方法来进行设置和运营，举例介绍如下所述。

（1）融入机构或企业名称、属性等。这样的抖音号有"平安杭州""支付宝""人民日报"等。有时为了契合平台调性，运营者还可以考虑在机构或企业名称外添加一些有趣味性的词汇。

（2）融入表示行业、职业等的关键词。这样的抖音号有"手机摄影构图大全""莫泰服饰""美食公馆"等。

2.2.4 签名：展示平台自身特色

在抖音平台上，设置账号签名的方法与设置昵称的方法类似，即在"编辑个人资料"页面，❶点击"签名"按钮，如图2-35所示；进入"修改签名"页面，❷在"个性签名"区域输入内容；修改完成后，❸点击"保存"按钮，如图2-36所示，即可完成抖音号签名的修改设置。

图2-35　点击"签名"按钮

图2-36　"修改签名"页面

> 第 2 章 名片：打造属于你自己的短视频平台

抖音号的签名，是用户注意到你之后，在了解的过程中决定是否关注的关键因素。一般来说，抖音号签名必须具有个性，下面简洁介绍一些抖音号签名设置方法和注意事项。

（1）在签名中的首要目的就是介绍自己，让用户了解并关注。因此，在设置时有必要介绍账号的特色、作用、领域等，这也是机构、企业、商家和一些自媒体人经常使用的方法，如图2-37所示。当然，有时为了促使更多用户关注，可以加引导关注的话语，如图2-38所示。

图2-37　展示特色、作用和领域的签名案例　　图2-38　添加了引导语的签名案例

当然，有时机构、企业、商家和一些自媒体人在介绍自己时，也会采用别具一格的方法，如"支付宝"抖音号的签名就很有特色，如图2-39所示。

图2-39　"支付宝"抖音号的签名设置

（2）运营者在设置签名时还可表示自身看法、观点和感悟等，如图2-40所示。这是个人类抖音号常使用的方法，这样的签名能充分展示个性，让用户了解自己。

图2-40　表示自身看法、观点和感悟等的抖音号签名案例

（3）在设置签名时，最好不要出现"微信""微博"等词。如果运营者需要引导关注微信、微博的，可以采用与"微信""微博"相近的同音词或字母代替，如"微心""威欣""围脖""wx"等。

2.2.5　绑定：与第三方构建桥梁

在互联网时代，真正出现了"互联"的生活状况，短视频运营也不例外。在抖音平台上，运营者可以通过绑定账号实现互联，让短视频推广变得更容易。

关于抖音号的绑定，主要有两种，即手机绑定和第三方账号绑定，这从签名介绍的注册和登录操作中可以看出来。而运营者想要在抖音后台进行绑定设置，也是很简单的，具体操作为：进入抖音平台的"设置"页面，点击"账号与安全"按钮，进入相应页面，如图2-41所示，即可进行相关绑定操作。

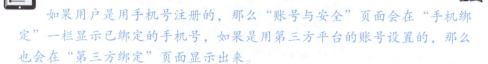

专家提醒

如果用户是用手机号注册的，那么"账号与安全"页面会在"手机绑定"一栏显示已绑定的手机号，如果是用第三方平台的账号设置的，那么也会在"第三方绑定"页面显示出来。

> 第2章 名片：打造属于你自己的短视频平台

图2-41 进入"账号与安全"页面绑定账号

图2-41右图显示该抖音号的"手机绑定"已经完成了设置，那么笔者在此就以绑定"QQ"为例介绍其操作方法。具体如下所述。

点击"账号与安全"页面的"第三方账号绑定"按钮；进入相应页面，❶点击"QQ"按钮，如图2-42所示；进入"QQ登录"页面，❷点击"授权并登录"按钮，如图2-43所示，即可完成绑定。

图2-42 "第三方账号绑定"页面

图2-43 "QQ登录"页面

不知道大家注意到没有，在"第三方账号绑定"页面，在"今日头条/西瓜视频""火山小视频"按钮右侧，分别有一个按钮，这是用来设置是否在发布作品页面显示的同步按钮。如果是打开状态，那么就可以实现同步显示。

2.2.6 认证：增加平台可信任度

对广大用户来说，网络上的信息总是充满着不真实的感觉，让人产生怀疑，这对于要引导用户关注的运营者来说，是极其不利的。为了更好地解决这一问题，很多平台都推出了各种认证功能来增加平台账号的可信任度。在抖音平台上，运营者可通过"账号与安全"页面的"实名认证"和"申请官方认证"来完成操作。

其中，"实名认证"指的是对播主的真实身份进行认证。如图2-44所示为"实名认证"页面。运营者按照相关指示进行操作即可完成认证。在该页面上方，还显示了"人工认证"这一认证方法——点击"人工认证"按钮，运营者可以进入相应页面，如图2-45所示，输入真实姓名、身份证号、手机号码和上传身份证照片，然后点击"提交审核"按钮即可完成操作。

图2-44 "实名认证"页面

图2-45 "人工认证"页面

而"申请官方认证"就是注册抖音号的用户让抖音官方承认个人、企业和机构资格的认证。因此，运营者点击"账号与安全"按钮后可以在"抖音官方认证"页面看到3种账号的认证方式，即个人认证、企业认证和机构认证，如图2-46所示。

从图2-46可以看出，想要进行个人认证，只要达到"抖音官方认证"页面上所提出的3个条件——发布视频≥1个、粉丝量≥1万和已绑定手机号，然后点击"立即申请"即可进行申请并认证。

如果抖音号主体是企业，那么就要进行企业认证，运营者可以点击图2-46中的"企业认证"按钮，进入"企业认证"页面，如图2-47所示，然后按照该页面上提示的认证步骤和提供的示例进行操作，点击"开始认证"按钮即可。

图2-46 "抖音官方认证"页面　　　　图2-47 "企业认证"页面

专家提醒

运营者如果想要了解更多详细信息，需要仔细阅读"企业认证"页面的相关信息及其文字链接信息，特别是《企业认证审核标准》更是需要仔细阅读，否则容易造成费用浪费而审核不通过的结果。

从图2-47中可以看出，企业认证还可以通过电脑端来完成。说到电脑端的抖音官方认证，就不得不提及机构认证了，因为机构类的抖音号官方认证只能通过电脑端来完成。

运营者进入https://www.douyin.com网页，点击右上角的"机构认证"按钮，即可进入相应页面，在该页面显示了可以进行抖音号官方认证的机构类型和机构认证步骤，如图2-48所示。运营者首先按照机构类型的不同准备认证材料，然后点击"立即申请"按钮，即可按照提示操作一步步完成认证。

图2-48 电脑端机构类型抖音号官方认证页面

其实，抖音官方认证的实质就是对抖音号的包装。经过了官方认证的包装和设置，抖音号在发布内容和运营推广方面明显会更有优势。而从运营结果来看，一个没有加"V"的抖音号和一个加"V"的抖音号，后者明显更有可能达到事半功倍的效果，加快短视频内容的推广与引流。

2.2.7 标题：完整表达作者思想

短视频作为一种内容宣传方式，其标题的设置同样重要。特别是对短视频这类除了标题外没有太多文字说明的内容来说，更是如此。它是运营者自身思想传达的关键。可能有人会说，视频内容中有足够的声音和动作达到表情达意的作用，标题的设置也就不那么重要了。真的是这样吗？

其实，短视频毕竟很短——抖音上的短视频就只有短短的15秒，要想完整而丰富地表达出短视频作者的思想内容，极有可能存在欠缺之处。在这样的情况下，利用点睛之笔设置一个优质的标题，能在很大程度上促进短视频内容的传播。

图2-49所示为"抖音短视频"APP上的短视频标题案例。

图2-49中的两个短视频，都是只有配乐没有原声的，此时设置标题已经成为必需的操作。图中的两个标题，一是通过对比的方式对自身品牌的主题进行宣传，一是结合冷天气需要围巾的热点描述了短视频内容中行动的特点，它们都清楚地体现了其所有表达的主题。

> 第 2 章 名片：打造属于你自己的短视频平台

图2-49 "抖音短视频"APP上的短视频标题案例

这样的内容也是受众喜欢的或是需要的，因而获得了不少的关注——这两个视频的点赞量达到了几十万或几万——可见，视频的内容和标题设置还是很成功的。

2.2.8 话题：以合适为应用准则

在"抖音短视频"APP"发布"页面上，标题编辑框下方有两个选项，即"#话题"和"@好友"，这些都是能提升短视频标题效果的两个重要技巧，经常被运营者运用到标题设置中。本小节就以"#话题"为例，介绍在标题中选择合适的话题插入的方法和案例。

运营者如果想要在标题中插入话题，可以点击"#话题"按钮，此时标题编辑框中会出现"#"，然后输入关键词，页面上就会出现与关键词相关的话题，运营者选择一个合适的话题，如图2-50所示，即可完成插入话题的操作。

一般来说，在标题中插入与视频内容相关的话题，如主题、领域、关键词等，都是能提升短视频的推广效果的。图2-51所示为在标题中插入了话题的视频案例。

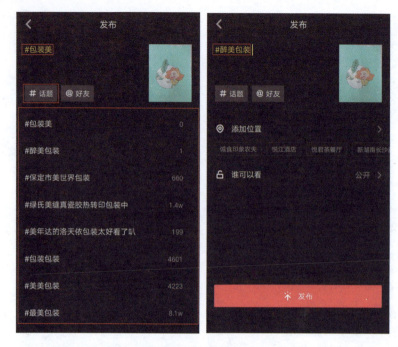

图 2-50　在标题中选择合适的话题插入操作

图 2-51　在标题中插入了话题的视频案例

2.2.9 @好友：让内容精准送达

上面已经介绍了在标题中插入"#话题"的相关知识，接着笔者将介绍另外一种提升短视频标题效果的方法——"@好友"。

运营者在进行设置时，首先应点击"@好友"，进入"召唤好友"页面，此时该页面上会显示已经关注了的抖音用户，如图2-52所示，运营者可从其中选择一个"@好友"对象。运营者还可以在"召唤好友"页面上方的搜索框中输入关键词，点击"搜索"按钮，就可显示更多的与关键词相关的抖音用户，如图2-53所示。

图2-52 "召唤好友"页面　　图2-53 通过关键词搜索"@好友"对象

在"抖音短视频"APP中，在标题中设置"@好友"是一个比较常用的促进短视频推广和提高关注度的方法。如图2-54所示为在标题中设置了"@好友"的视频案例。

> **专家提醒**
>
> 运营者选择"@好友"对象时，有两点需要注意：一是相关性，也就是说，"@好友"对象一定要与短视频有一定关联；二是"@好友"热度，应该选择那些粉丝比较多的抖音用户，利用优质内容吸引对方关注，从而才有可能吸引"@好友"粉丝的关注。

图2-54　在标题中设置了"@好友"的视频案例

2.2.10　地址：提升用户归属感

在"抖音短视频"APP浏览视频，有时会发现在视频左下角的抖音用户名称上方显示有地址信息，如图2-55所示。

图2-55　短视频页面显示地址信息

> 第 2 章　名片：打造属于你自己的短视频平台

关于短视频的地址信息，运营者可以在"发布"页面中进行设置：运营者只需点击"添加位置"下方的任意一个位置或者点击其右侧的▶按钮，进入相应页面进行选择即可。

为短视频内容添加位置，对于一些以地名为名称进行宣传或有着地域特色的抖音短视频（特别是一些旅游行业的短视频），是一种非常有效的提升知名度和唤起用户归属感的好方法。

2.2.11　谁可以看：确定分享范围

在"抖音短视频"APP 的"发布"页面，运营者可以选择短视频内容的分享范围，也就是在"谁可以看"区域点击▶进入相应页面，在"公开""好友可见"和"私密"中选择一项作为短视频内容的分享对象，如图 2-56 所示。

图 2-56　"谁可以看"页面

一般来说，运营者会选择"公开"选项，让尽可能多的人看到，以便扩大视频的可能的传播和宣传范围，而不是利用"好友可见"和"私密"来限制传播。

第3章
定位：给你的短视频一个准确的方向

 学前提示

> 俗话说，不打无准备的仗。短视频运营也是如此。可见，运营者要想在竞争中获胜，就必须做好账号定位的各项准备工作。本章内容主要集中在4个方面，包括选择行业、洞悉用户、垂直领域和确定内容，帮助运营者找准短视频运营的准确方向。

 要点展示

> ➢ 选择行业：适合才能获得更好发展
> ➢ 洞悉用户：了解所选行业用户详情
> ➢ 垂直领域：做好更加精细化的运营
> ➢ 确定内容：多方面进行收集和整理

3.1 选择行业：适合才能获得更好发展

俗话说："男怕入错行，女怕嫁错郎。"可见，行业选择对往后的人生规划和职业规划来说很重要。因此，短视频平台运营者如果想要获得更好的发展，那么，选择一个合适的行业发展方向就非常关键。本节就从短视频运营过程中的行业方向选择出发来进行具体介绍。

3.1.1 从自身出发，选择喜欢的或擅长的

在观看抖音短视频时，看到感兴趣的且发展比较火的短视频或抖音号，特别是那些掌握了一定才艺或手艺的人往往就会想：如果我也会这些，那么是不是也能成为网络红人呢？可见，在选择短视频行业方向前，首先还是需要从自身出发来考虑。

一般来说，运营者需要从三个方面进行考虑，如图3-1所示。

运营者确定短视频行业方向前从自身出发要考虑的方面
自身在哪些领域有特长
自身有哪些引人关注的亮点
自身对哪些东西更感兴趣

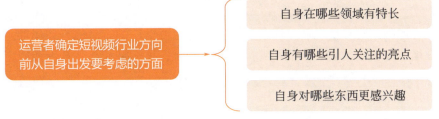

图3-1　运营者确定短视频行业方向前从自身出发要考虑的三个方面

运营者只有从图3-1所示的三个方面来考虑和选择短视频行业方向，才能更有动力。特别是特长和兴趣两方面，更是运营者所必备的。有人不禁会问：一定在这两个方面同时具备吗？在笔者看来，答案是肯定的。只是不同的运营者，自身在这两个方面的比重会有所偏重，如图3-2所示。

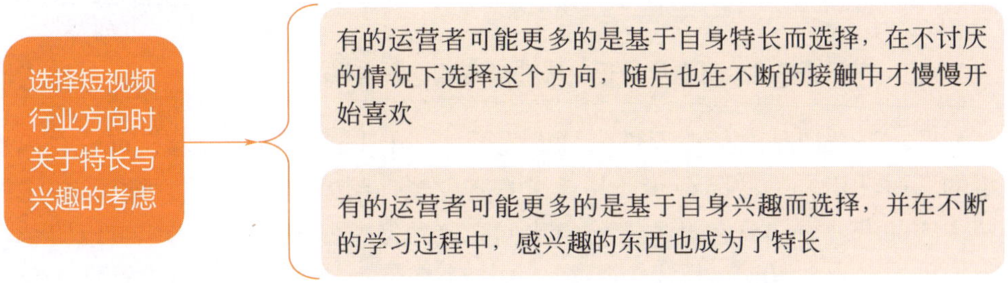

选择短视频行业方向时关于特长与兴趣的考虑
有的运营者可能更多的是基于自身特长而选择，在不讨厌的情况下选择这个方向，随后也在不断的接触中才慢慢开始喜欢
有的运营者可能更多的是基于自身兴趣而选择，并在不断的学习过程中，感兴趣的东西也成为了特长

图3-2　选择短视频行业方向时关于特长与兴趣的考虑

只有在有所偏重的情况下把特长与兴趣二者结合起来，才是短视频运营的正确之道，具体分析如图3-3所示。

图3-3　结合特长与兴趣的短视频运营分析

综上所述，运营者选择行业方向时必须从自身出发，而不能胡乱选择——平台上哪些行业内容做得好并火起来了，自己就选择什么。这样很容易被动，且一般不会获得成功。只有在运营过程中有兴趣或特长的加持，才能长期坚持并发展下去。

3.1.2　从行业出发，选择属性能契合的

在清楚自身实际情况后，运营者还需要考虑要推广的产品的行业属性。因为如果打造的短视频内容与产品行业属性完美契合，那么是能在运营上取得更好效果的，具体如图3-4所示。

图3-4　根据产品行业属性打造短视频内容的效果分析

可见，基于产品的行业属性来打造优质的、专业的短视频内容，可以在积累流量的同时让用户关注品牌和产品，最终实现短视频的营销目的。那么，关于短视频内容的行业方向，在具体运营中我们应该如何选择呢？在此，笔者以服装产品为例进行具体介绍。

作为一个服装行业的营销者,那么其打造的短视频内容一定要与服装相关。其中比较典型的就是发布一些与穿搭技巧相关的短视频内容,这样更能吸引用户关注和购买。当然,运营者还可以基于自己所经营的服装偏向,如女装、男装、童装等,在穿搭技巧的分享上有所偏向。如图3-5所示为"抖音短视频"APP上的内容与穿搭相关的用户和短视频举例。

图3-5 "抖音短视频"APP上的内容与穿搭相关的用户和短视频举例

3.1.3 终确定方向,基于是否可行的判断

利用上面两种方法初步确定了短视频行业方向后,接下来就需要根据具体的数据来分析和判断,以便运营者了解该行业方向上的用户画像和确定垂直细分领域。那么,运营者应该怎样去了解这些数据和内容呢?笔者在此以抖音短视频为例,为读者提供其在"西瓜短视频助手"平台上的数据。

在此,首先介绍在平台上进行与摄影相关的抖音号的行业领域选择的操作。

运营者登录进入"西瓜短视频助手"平台,❶单击"播主排行"按钮,进入"行业排行榜"页面,如图3-6所示;在"所属行业"区域选择所属行业方向,❷在此笔者选择单击"穿搭"按钮,即可进入"穿搭"播主排行榜页面,如图3-7所示。

图3-6 单击"播主排行"按钮

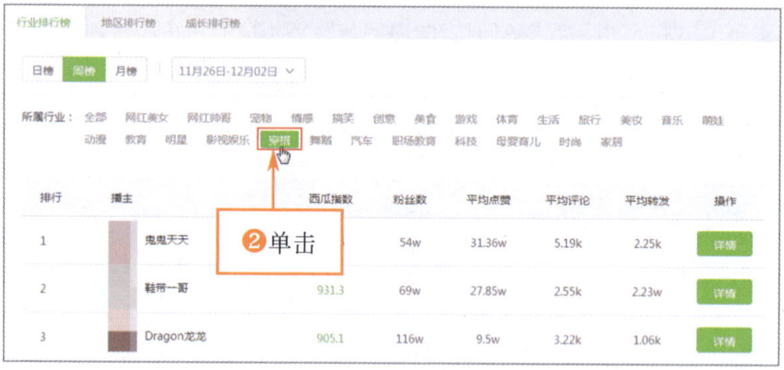

图3-7 "穿搭"播主排行榜页面

进入该页面后，运营者即可选择与穿搭相关的抖音号，通过了解它们的用户情况和运营数据，即可判断自身所选择的行业领域是否可行以及确定热门的内容方向。

3.2 洞悉用户：了解所选行业用户详情

对短视频运营者来说，洞悉目标用户群体，是后期运营中进行精准推送和更快获取流量的关键。本节就接着以所选择的"穿搭"行业为例，介绍与穿搭相关的抖音号的用户画像的数据情况。

在进行粉丝画像分析之前，运营者首先需要从"穿搭"播主排行榜中选择几个居于前列的抖音号作为数据标本进行分析。图3-8所示为用户画像分析中所选择的3个抖音号。

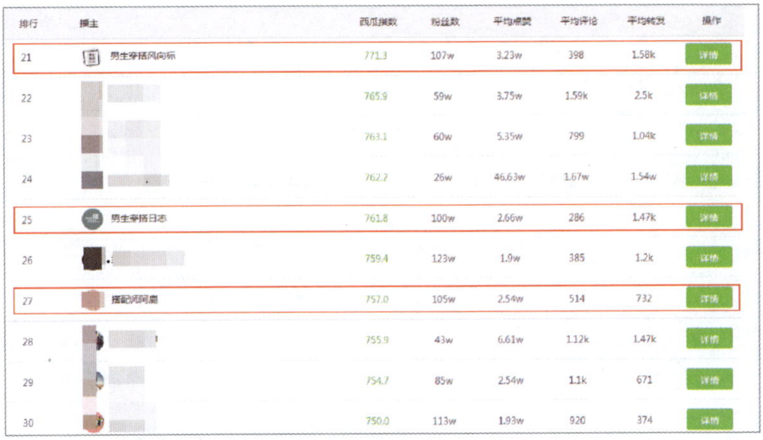

排行	播主	西瓜指数	粉丝数	平均点赞	平均评论	平均转发	操作
21	男生穿搭风向标	771.3	107w	3.23w	398	1.58k	详情
22		765.9	59w	3.75w	1.59k	2.5k	详情
23		763.1	60w	5.35w	799	1.04k	详情
24		762.2	26w	46.63w	1.67w	1.54w	详情
25	男生穿搭日志	761.8	100w	2.66w	286	1.47k	详情
26		759.4	123w	1.9w	385	1.2k	详情
27	搭配师阿鹿	757.0	105w	2.54w	514	732	详情
28		755.9	43w	6.61w	1.12k	1.47k	详情
29		754.7	85w	2.54w	1.1k	671	详情
30		750.0	113w	1.93w	920	374	详情

图3-8 用户画像分析中所选择的3个抖音号

由图3-8可知，笔者选择的是"男生穿搭风向标""男生穿搭日志"和"搭配师阿鹿"三个抖音号。确定要分析的抖音号后，运营者可单击每个抖音号右侧的"详情"按钮进入相应页面，然后在"数据分析"页面即可了解该抖音号的粉丝详情。

3.2.1 分析男女性别占比属性

行业不同、短视频内容不同，那么，该抖音号的用户的性别属性也会存在一定的不同点。而运营者要做的是，从这些共性的性别属性中，确定自身要运营的短视频平台账号的目标用户群体的性别属性。

图3-9～图3-11所示分别是"男生穿搭风向标""男生穿搭日志"和"搭配师阿鹿"抖音号的用户性别分布。

图3-9 "男生穿搭风向标"抖音号用户性别分布

图3-10 "男生穿搭日志"
抖音号用户性别分布

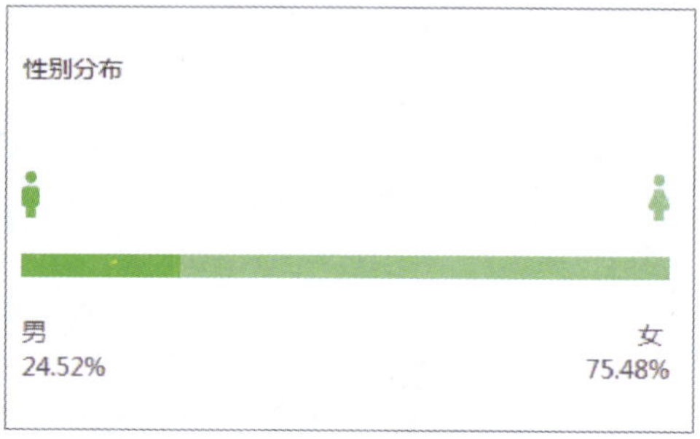

图3-11 "搭配师阿鹿"抖音
号用户性别分布

由图3-9～图3-11可知,"男生穿搭风向标""男生穿搭日志"和"搭配师阿鹿"三个与穿搭相关的抖音号的用户性别分布中,前两个抖音号的用户中,男性用户占比远远多于女性用户,而后一个恰好相反。可见,在账号上指明了目标用户性别的,就以该类用户居多,如果没有指明目标用户性别,那么该账号还是与"抖音短视频"APP整体用户的性别属性一样,以女性为主。

基于此,运营者可能要基于"抖音短视频"APP的用户性别分布情况,制定不同于微信公众号、头条号等平台的内容运营策略,增加更多适合目标用户的穿搭内容。

3.2.2 分析用户所属的年龄段

如图3-12～图3-14所示分别是"男生穿搭风向标""男生穿搭日志"和"搭配师阿鹿"抖音号的用户年龄分布。将鼠标指针移至占比最大的年龄段色块上,可显示该年龄段的用户占比数据。

第3章 定位：给你的短视频一个准确的方向

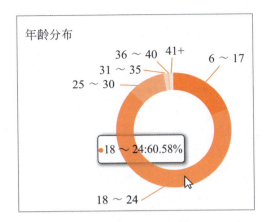

图3-12 "男生穿搭风向标"用户年龄分布

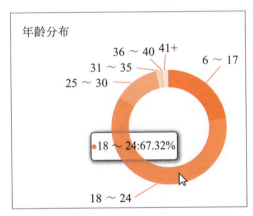

图3-13 "男生穿搭日志"用户年龄分布

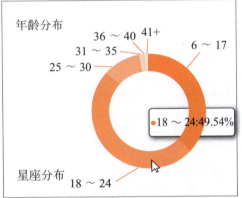

图3-14 "搭配师阿鹿"用户年龄分布

由图3-12～图3-14可知，"男生穿搭风向标""男生穿搭日志"和"搭配师阿鹿"三个与穿搭相关的抖音号的用户年龄分布中，占比最多的是"18～24"这一年龄段内的用户，几乎都在一半左右；而"6～17"和"25～30"年龄段内的用户占比也比较多。然而无论是"18～24"这一年龄段，还是"6～17"和"25～30"年龄段，都表明这三个抖音号的用户年龄大多在6～30岁之间，偏向年轻群体。

可见，这三个抖音号的用户年龄属性是与"抖音短视频"APP的用户年龄属性大体相符的，由此可知它们的短视频内容是符合平台整体的用户定位的。因而这些抖音号获得了大量用户关注也就不足为奇了。

从这一角度来看，运营者可以根据自身情况，在观看这些抖音号内容的情况下安排后续的短视频内容，力图打造出符合用户偏好和能满足用户需求的内容。

059

3.2.3 分析用户所处的地域

图3-15 ~图3-17所示分别是“男生穿搭风向标”“男生穿搭日志”和“搭配师阿鹿”抖音号的用户地域分布图。在地域分布图中，可分为“省份”和“城市”两类分布数据情况，运营者可以一一查看。

由图3-15 ~图3-17可知，“男生穿搭风向标”“男生穿搭日志”和“搭配师阿鹿”三个与穿搭相关的抖音号的用户地域分布中，“省份”分布图显示占比最多的都是广东省，且都在15%以上，远多于其他省份；“城市”分布图显示占比排名前十的是经济发达的城市，特别是“北上广深”和“成都”“重庆”六大城市，在这三个抖音号的用户地域分布中都出现在前十的排名中。

地域分布　省份 | 城市

名称	占比
广东	15.77%
山东	6.94%
河南	6.20%
江苏	6.05%
浙江	5.95%
四川	5.84%
湖南	4.71%
安徽	4.35%
福建	3.68%
河北	3.43%

地域分布　省份 | 城市

名称	占比
广州	7.12%
北京	5.10%
深圳	4.99%
重庆	4.81%
上海	4.74%
成都	4.37%
东莞	3.43%
长沙	3.25%
苏州	3.00%
郑州	2.89%

图3-15 “男生穿搭风向标”抖音号用户地域分布

地域分布　省份 | 城市

名称	占比
广东	15.97%
河南	6.69%
山东	6.45%
江苏	6.33%
浙江	5.83%
四川	5.59%
安徽	4.80%
湖南	4.00%
河北	3.87%
湖北	3.53%

地域分布　省份 | 城市

名称	占比
广州	7.42%
深圳	5.23%
北京	5.01%
成都	4.60%
重庆	4.44%
上海	4.38%
郑州	3.25%
东莞	3.19%
杭州	2.85%
苏州	2.75%

图3-16 “男生穿搭日志”抖音号用户地域分布

地域分布　　省份 | 城市

名称	占比
广东	15.94%
河南	7.03%
四川	6.92%
浙江	6.09%
江苏	5.55%
湖南	5.16%
山东	4.48%
广西	4.25%
安徽	4.05%
福建	3.60%

地域分布　　省份 | 城市

名称	占比
广州	6.57%
重庆	6.12%
深圳	5.58%
成都	5.01%
北京	3.97%
上海	3.91%
东莞	3.79%
郑州	3.25%
长沙	2.89%
苏州	2.89%

图3-17 “搭配师阿鹿”抖音号用户地域分布

因此，运营者可以基于这些省份和城市的用户属性和工作、生活，进行资料的搜集和整理，还可以基于抖音号的“同城”功能进行城市的切换，观看这些地方的比较火的短视频内容。最后进行归纳总结，安排一些目标用户可能感兴趣的内容，相信这样可以吸引到更多的用户观看。

3.2.4 分析用户的职业属性

上文已经基于三个穿搭类抖音号的数据对用户属性进行了分析，其实，除了这些以外，运营者还应该从抖音号的整体出发，了解更多的用户数据和属性。本小节就从抖音用户的职业出发来进行介绍。

大家都知道，抖音用户大多是30岁以下的年轻人，且以20 ~ 28岁的用户居多，而这一群人极有可能是刚毕业的大学生和踏入社会还不久的用户。官方数据显示，在职业方面抖音用户主要是白领和自由职业者。

而这样的一群人，是有着鲜明特征的一群人——他们追求个性和自我，且容易跟风，追求流行时尚。因此，他们对于能更加展现自我美的一面和改造自己有着莫大的需求。从这一基于用户属性的特征和需求出发，在平台上发布符合他们需求的优质短视频内容，必然是受欢迎的。

图3-18所示为“男生穿搭风向标”抖音号的部分短视频内容展示。可以看出，该抖音号中随便一个短视频，其点赞量都有好几千，有的甚至高达几十万。像这样的没有蹭热点并以干货为主的短视频，单单以它的吸引人的内容——让人如何才能更美，就可以获得这么高的点赞量，可见是非常成功的。这样也说明了穿搭类的内容是容易吸引人。

图3-18 "男生穿搭风向标"抖音号的部分短视频内容展示

3.2.5 分析用户的消费能力

根据易观智库提供的数据显示,在消费能力方面抖音用户更多的是中等消费者,其次是中高等消费者,如图3-19所示。

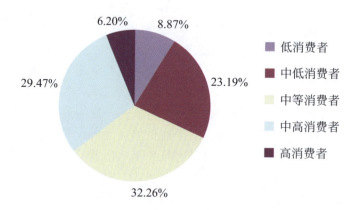

图3-19 抖音用户的消费能力占比介绍

从图3-19中可知,无论是中等消费者还是中高等消费者,他们都有一定的消费能力,且因为社会阅历和生活经历,对口袋里的钱没有那么看重,且容易冲动性消费,因而是易达成成交的一群消费者。

> 第 3 章　定位：给你的短视频一个准确的方向

3.3　垂直领域：做好更加精细化的运营

上文已经对所选行业领域的目标用户的属性有了大致了解，在运营者心中已经有了一个比较完整的用户画像。接下来就是对所选行业领域进行更深入的分析，以便确定自身账号要着重关注的垂直领域，做好更精细化的运营。

本节仍然以上一节中的"男生穿搭风向标""男生穿搭日志"和"搭配师阿鹿"三个抖音号为例，分析与穿搭相关的评论词云和热门视频，并从中找出自身所要运营的行业方向的垂直维度特征，最终根据特征确定垂直细分领域。

3.3.1　评论词云：了解抖音号的用户印象

图 3-20 ~ 图 3-22 所示分别是"男生穿搭风向标""男生穿搭日志"和"搭配师阿鹿"抖音号的评论词云展示图。

图 3-20　"男生穿搭风向标"抖音号评论词云

图 3-21　"男生穿搭日志"抖音号评论词云

图3-22 "搭配师阿鹿"抖音号评论词云

通过抖音号的评论词云展示图,运营者可以直观、清晰地知道某一抖音号在用户心中的印象。由图3-20～图3-22可知,其中最突出的用户评论内容是"喜欢""好看"和"衣服",且这样的评论内容是基于短视频中的人和衣服来说的,高颜值的播主和好看的衣服获得了用户的赞赏和青睐,从而由衷地给出了"喜欢"的肯定评论。可见,在打造穿搭类短视频时,人与物的颜值很重要。

除此之外,"搭配"也是抖音号的评论词云中出现的频率高且比较显眼的评论词,可见,在制作短视频时,不仅要人美和衣服美,还有注意其协调性,即在衣服的搭配上下功夫,尽量能更好地展现播主和衣服特征。

相较于"搭配师阿鹿"抖音号,"男生穿搭风向标"和"男生穿搭日志"抖音号的评论词云中还有一个很显眼的"发型"评论词。而这两个抖音号都是关于男性穿搭的,可见,在打造男性穿搭类短视频内容时,还应该在发型上下功夫。

在"评论词云"中,运营者只要点击左侧中相应的评论词或在右侧上方的搜索框中输入关键词,在右侧搜索框下方即会显示与该评论词相关的评论内容。图3-23所示为"男生穿搭风向标"抖音号的评论词"发型"的搜索结果页面。

图3-23 "男生穿搭风向标"抖音号评论词云

3.3.2 热门视频：总结短视频亮点与优势

图3-24～图3-26所示分别是"男生穿搭风向标""男生穿搭日志"和"搭配师阿鹿"抖音号的"播主视频"页面的最热视频作品展示。

图3-24 "男生穿搭风向标"最热视频作品

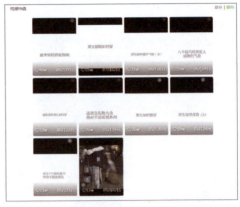

图3-25 "男生穿搭日志"最热视频作品

图3-26 "搭配师阿鹿"最热视频作品

运营者可以在"播主视频"页面点击相应短视频，了解短视频的具体内容，并从众多点赞量高的视频内容中总结各个抖音号的短视频亮点和优势，从而为自身账号的内容运营提供方法和借鉴。

3.3.3 维度特征：确定账号的运营垂直领域

对运营者来说，有了穿搭这一行业领域的用户画像、评论词云和热门视频等抖音号的数据信息后，大概已经对平台上该领域的短视频产品有了比较全面且清晰的认识，然后就可从自己了解的情况出发，确定自身账号的垂直细分领域并进行运营了。

如从上文中的用户画像、评论词云和热门视频可以看出，在抖音短视频平台上，用户多是居于经济发达城市的、年龄在18～24岁之间的年轻用户，他们对颜值高的短视频内容有着浓厚的兴趣。基于此，运营者可以在确定自身运营方向时，着重推出一些视频高颜值、模特高颜值、布景高颜值、特效高颜值等方面的内容，以期吸引潜在目标用户的注意。

并注重从内容方面着手，专注于某一题材，进行更加垂直化的、深入的短视频拍摄，如衣服搭配、发型搭配等，只要用心运营和不断积累，经常推出优质短视频内容，必然会成就大号。

3.4 确定内容：多方面进行收集和整理

在短视频运营中，在基于行业方向和用户画像确定了要运营的细分垂直领域的基础上，接下来就是要收集和整理与细分垂直领域相关的内容，这样才能保证能持续输出有价值的内容。

一般来说，构成短视频内容的素材包括热门话题、专业知识、各类资源和各种稿件等，当然也包括播主自身生产的内容。本节就针对这些内容素材，分别进行介绍。

3.4.1 热门话题：通过微博平台

图3-27 "话题榜"页面

关于热门话题，大多数运营者首先想到的就是微博平台。的确，在微博上，可以通过多种途径来查看热门信息和热门话题。首先，运营者可以单击上方的"发现"按钮进入"发现"页面，移动鼠标至"更多"菜单上，出现相应菜单，单击"话题"按钮，即可进入相应页面查看"话题榜"，如图3-27所示。

如果运营者想要了解某一领域的热门话题排行，那么可以选择"话题榜"右侧的

> 第3章 定位：给你的短视频一个准确的方向

类别进行查看，如果想要查看的领域没有显示在上方一栏中，可以单击其右侧的"更多"按钮，即会显示另外29个领域的热门话题排行榜，如图3-28所示。

图3-28 热门话题的各细分领域

在此，笔者选择"萌宠"，进入"萌宠"话题排行榜页面，如图3-29所示。运营者可以查看相关的热门话题，并根据这些话题收集和整理内容，

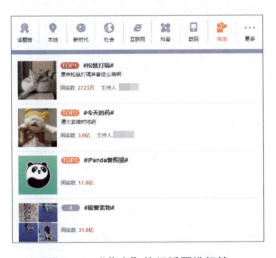

图3-29 "萌宠"热门话题排行榜

另外，微博提供了各种各样的微博热点信息，运营者也可以根据自身需要进行查看。其中比较显眼的就是进入微博主页，显示在其左侧的"热门"标签，用户可以查看当下的热门事件。当然，运营者还可以在该页面右侧的"微博新鲜事"和"微博实时热点"中查看，如果想要了解更多热点信息，可以单击"查看更多"按钮，如图3-30所示。

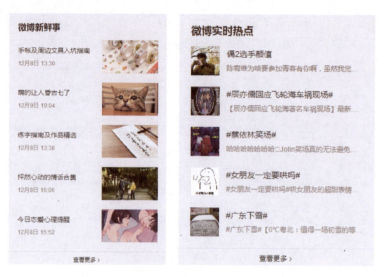

图 3-30 "微博新鲜事"和"微博实时热点"

而通过微博上方的搜索框进行搜索,也不失为一种查看与自身短视频账号相关的热点内容和热门话题的好方法。

3.4.2 各类资源:通过百度平台

在很长一段时间内,大家都知道"百度一下,你就知道",从这一句话中,一方面可以感受到广大用户对百度的依赖和信赖,另一方面也反映出百度平台资源的丰富,要不大家怎么会都选择百度呢?

关于百度,其产品可谓是多种多样的,除了新上线的"小度商城""百度百聘""百度信誉"等产品以外,主要涉及搜索服务、导航服务、社区服务、游戏娱乐、移动服务、站长与开发者服务、软件工具和其他服务等。图3-31所示为百度的"社区服务"方面的百度产品。

图 3-31 百度的"社区服务"方面的百度产品

> 第 3 章 定位：给你的短视频一个准确的方向

一般来说，运营者要寻找与短视频相关的资源和内容，就可以选择一些资源集中又实用的百度产品进行收集和整理，如图 3-31 中的百度百科、百度文库、百度贴吧、百度知道等。

（1）百度百科。所谓"百科"，指的是它是一部中文知识性网络百科全书，涵盖了几乎所有领域的知识。在该平台上，运营者可以通过词条进行搜索，查看比较全面和具体的知识内容。图 3-32 所示为百度百科产品的主页展示。

图 3-32　百度百科产品的主页展示

（2）百度文库。该产品是一个在线互动式文档分享平台，其文档资料主要涉及教育频道、专业资料、实用文档、资格考试、专业方案等多个领域。图 3-33 所示为百度文库产品的主页展示。

图 3-33　百度文库产品的主页展示

（3）百度贴吧。该产品是一个兴趣相同的网友聚集起来进行交流、展示的互动平台，其中的贴吧内容主题涉及娱乐、游戏、小说、地区、生活等各方面。图3-34所示为百度贴吧产品的主页展示。

图3-34　百度贴吧产品的主页展示

（4）百度知道。该产品是全球最大的中文互动问答平台，用户可以通过提出自身亟待解决的问题，当有用户解答了之后，就会作为答案留存在平台上以供其他有相同需求的用户进行搜索。短视频运营者可以根据平台提供的已知的答案和通过提问题寻找答案的方式来获取资源和内容。图3-35所示为百度知道产品的主页展示。

图3-35　百度知道产品的主页展示

> 第3章 定位：给你的短视频一个准确的方向

在百度平台上，除了可以查找各种内容资源外，海量的时事新闻资讯的提供也是该平台的一大特色，而提供时事新闻的百度产品是百度新闻。作为全球最大的中文新闻平台，用户可以查看的内容和资讯还是很多的，新闻事件、热点话题、人物动态及产品资讯等都囊括在内。图3-36所示为百度新闻产品的主页展示。

图3-36　百度新闻产品的主页展示

3.4.3　专业知识：通过知乎平台

短视频运营者在制作短视频内容时，总是会需要各种专业知识，如短视频平台运营、短视频拍摄、短视频后期编辑以及所选领域的专业知识等。而这些知识可能并不是运营者能全部掌握的，就需要借助相关平台来进行收集和整理，其中知乎这一网络问答社区平台就是一个很好的选择。

在知乎平台上，在进行注册的时候是可以选择感兴趣的话题的，其后台将基于这一情况推送相关内容。在这样的情况下，短视频运营者可以通过多种渠道寻找专业知识。首先，在知乎"首页"上，有"推荐""关注"和"热榜"选项可供运营者进行查找。特别是在"热榜"页面，显示了热门的相关知识和话题，如图3-37所示。

同样，在"发现"页面，也是寻找热门专业知识和话题的好地方。无论是"编辑推荐"区域，还是"今日最热""本月最热"，抑或是"热门圆桌""热门话题""热门收藏"，都有助于运营者收集和整理热门专业知识。图3-38所示为知乎的"发现"页面部分展示。

图3-37 知乎"首页"的"热榜"页面

图3-38 知乎"首页"的"发现"页面

另外,在知乎的"话题广场"页面,显示了不同类别的话题,运营者可以分专业和领域进行查找。例如,选择"摄影",就会显示与摄影相关的话题,如图3-39所示。然后选择具体的摄影话题,就会跳转至该话题页面,即可查看具体的有关该行业的专业知识了,如图3-40所示。短视频运营者想要收集更多的内容,可以多关注几个与自身短视频内容相关的话题。

在如图3-40所示的具体话题页面上,运营者也可通过多种方式来获取和收集内容——话题下方显示了"索引""简介""讨论""精华"等菜单。其中,在"索引"页面,运营者可根据不同的"索引词"分类进行查找。图3-40中所选择的话题就包含了9个索引词——它们几乎囊括了与摄影相关的各个阶段、各个领域,且每一个索引词下方又包含了不同的问题,如图3-41所示。

> 第3章 定位：给你的短视频一个准确的方向

图3-39 显示与"摄影"相关的话题　　　　图3-40 具体话题页面

图3-41 具体话题的"索引"页面

而"讨论"页面是一个个有关于话题的讨论问题，运营者可以对需要的和感兴趣的问题点击查看，了解其他人的观点和看法，集思广益，从而开拓思路。而"精华"页面显示的都是赞同度和评论量比较高的问题，如图3-42所示。这样的内容明显是易受用户欢迎的，因而把它们收集起来并制作相关短视频内容，必然是一个好的打造优质内容的方法。

当然，如果运营者还想要获取更细分的专业知识，可以在具体话题页面的右侧查看"子话题"，精准地查找和详细地了解垂直细分领域内容。例如，选择"人文摄影"子话题，点击进入相应页面，即可进行查看和收集内容，如图3-43所示。

短视频运营一本通：拍摄＋后期＋引流＋变现

图3-42　具体话题的"精华"页面　　　　图3-43　子话题选择和查看

最后，运营者也不要忘了知乎平台的搜索功能，这是一种更快地找到需要的专业知识的途径。

3.4.4　收集稿件：通过音频平台

在进行短视频运营过程中，除了可以收集话题和文字、图片内容来制作短视频外，还可以收集音频内容用于短视频创作，如大家熟悉的喜马拉雅FM、蜻蜓FM等平台。

随着互联网和移动互联网的发展，各音频平台的发展也已经很成熟，其内容包括了众多领域。如图3-44所示为喜马拉雅FM内容的种类和涉及的领域。

图3-44　喜马拉雅FM内容的种类和涉及的领域

> 第3章 定位：给你的短视频一个准确的方向

运营者可以选择与自身短视频账号相关的领域进行点击，然后进入相应页面查看和收集可以用作短视频制作的音频资料。如图3-45所示为"时尚生活"领域的部分内容展示。

图3-45 "时尚生活"领域的部分内容展示

在图3-45中，可以看到上方显示了"时尚生活"这一领域中的多个细分领域和类别，如美食、生活家、家居、美容、萌宠、摄影等。专注于细分领域的短视频运营的播主，就可选择相关领域进行查看。例如，在"摄影"类别下，运营者不仅可以查看和收集与摄影知识相关的音频内容，还可以查看摄影排行榜，了解受欢迎的音频微课堂内容，如图3-46所示。

图3-46 "摄影"领域的"摄影知识"和"摄影排行榜"

3.4.5 内容生产：通过实践拍摄

除了上述4种方法可以获得短视频素材外，运营者还可以通过自身拍摄视频来完成获取素材这一短视频制作的准备工作。当然，要想自身实践拍摄视频，那么运营者需要精通拍摄技能并有较高视频处理水平，这样才能保证创作和发布出来的短视频内容是优质的。

图3-47所示为"手机摄影构图大全"抖音号发布的以自身实践拍摄的视频为素材的短视频内容，是不是能吸引你的关注呢？

图3-47 "手机摄影构图大全"抖音号发布的以自身实践拍摄的视频为素材的短视频内容

另外，自己拍摄视频，也不是可以随便拍摄和发布的，在拍摄题材和视频画面选取方面要注意。例如，如果头条号的定位是摄影类，那么在进行拍摄时就可以选择一个大家常见的却拍不好的场景，然后选取自身擅长的拍摄领域，如特写、如微距、如全景，进行拍摄技巧的讲解。一般来说，这样拍摄出来的视频会有非常好的效果，而且大多会吸引用户点击播放的。

专家提醒

本节中介绍的素材搜集方法中，多是借用了其他平台资源的。那么，是不是就代表运营者完全可以搬运其他人创作的内容来充当自身短视频的

> 第3章 定位：给你的短视频一个准确的方向

内容呢？其实不然。前面说的只是素材搜集的方法，运营者还需要在搜集的素材基础上进行进一步的创作，这样才能算得上是自身原创的短视频内容。

否则，纯粹只是在自身账号运营中进行短视频内容的搬运，即使能通过它们博取了众人的眼球，但是对自身平台的长远发展来说却是不利的，具体如图3-48所示。

图3-48 在运营过程中纯粹进行短视频搬运的不利影响

可见，要想把自身的短视频运营账号顺利发展下去，并最终打造短视频品牌和实现快速变现，就必须有原创的、优质的短视频内容，而不能完全依赖搬运。只有这样，才能在短视频行业竞争中获胜。这一原则是必须遵守的，且要在账号创建前就必须有一个清楚的定位，才能在运营过程中得心应手。

第 4 章
拍摄：小小的短视频也能拍出大片感

 学前提示

> 短视频的拍摄说起来容易，实际上还是需要掌握一定的技巧并在实际中逐渐熟练起来，才能拍摄出理想的优质视频。本章内容主要集中在5个方面，包括摄前了解、拍摄功能、抖音加分功能、拍摄步骤以及实用原则等，帮助运营者拍摄出具备大片感的抖音短视频。

 要点展示

- ➢ 摄前了解：助你拍摄高质量短视频
- ➢ 拍摄功能：熟悉的拍摄方法任你选
- ➢ 加分功能：抖音上你还可以这样拍
- ➢ 拍摄步骤：如何拍摄抖音音乐短视频
- ➢ 实用原则：让短视频效果更上层楼

> 第4章 拍摄：小小的短视频也能拍出大片感

4.1 摄前了解：助你拍摄高质量短视频

初次拍摄短视频，肯定对需要做什么准备工作都不甚了解。实际上，拍摄前需要掌握的知识往往是最重要的，它决定了短视频是否能够拍出水平和质量。因此，本节将介绍拍摄高质量短视频的相关准备工作，帮助大家提前了解，做好准备。

4.1.1 工具：给短视频以应有的质感

拍摄短视频之前，必须要用到的就是硬件设备，没有技术的支持是无法把富有创意的想法落实的，就好像想要过河没有桥或者船一样，寸步难行。我们可以通过各种各样的设备来实现拍摄短视频的目标，但不同的设备拍出来的效果自然也是不同的，而且使用方法的难易程度也不同。为了帮助大家找到最适合自己的拍摄设备，本小节将全面详细介绍拍摄短视频的设备。

1.智能手机——随身携带的拍摄神器

说到手机大家肯定都不陌生。随着技术的不断发展和完善，智能手机可谓是集多才多艺于一身，无所不能。无论是上网冲浪、听音乐，还是拍照片、打电话，一部智能手机就能轻松搞定，这也难怪人们都对它爱不释手。摄像是智能手机自带的基本功能，一般的智能手机都可以进行视频的拍摄。

那么，为什么要选择智能手机来拍摄视频呢？因为用智能手机拍摄短视频具备很多其他设备无法具备的优点，具体如图4-1所示。

图4-1 智能手机拍摄视频的优点

这些优点是有目共睹的，而事实也证明，现在很多的网络视频都是由智能手机拍摄出来的。比如社交平台上的短视频，由于智能手机自带拍摄视频的功能，而且又可以直接分享到社交平台上，实时查看发布的动态，从而检验自己作品的效果，因此通过智能手机拍摄短视频成了大众的不二之选。

2. 单反相机——业余拍手的加分选项

随着新技术的不断应用，新品相机的功能也日益强大，同时摄像功能也成功地被单反相机收入囊中，因此越来越多的摄像爱好者把单反相机看作拍摄日常视频的得力助手。单反相机拍摄视频是近年来比较流行的一种视频拍摄方式，主要原因是它的优势比较显著，主要有如图4-2所示的几大优势。

图 4-2　单反相机拍摄视频的优点

对普通的摄像爱好者来说，单反相机是比较合适的，因为性价比高，虽然价格可能比智能手机贵，但画质相对而言也要高。总而言之，它是比较折中的选择，如果舍不得花太高的价钱购买专业的摄像机，那么单反相机也是可以作为替代品的。

3. 摄像机——专业拍手值得拥有

摄像机属于专业水平的视频拍摄工具，一般大型的团队和电视节目都要用到它。虽然它不像前面提到的设备那么轻便、易携带，但在视频效果上，还是它高出一级。

在使用摄像机拍摄视频之前，要做好相应的准备工作，因为是更加专业的视频拍摄，所以需要用到的辅助工具也很多，如摄像机电源、摄像机电缆、摄影灯、彩色监视器、三脚架等。

准备好这些辅助工具后，就要开始对摄像机进行相应的调整了，主要分为四大步骤，具体如图4-3所示。

在摄像的过程中有一些小窍门可以学习，比如避免反复使用推拉镜头，在摄像完成后可多录几秒，以便后期处理。此外，摄像机的镜头不要直接对着强光源和太阳光，这样会对摄像管造成损害。因此，在使用各种设备拍视频时，都要爱惜设备，人与

图 4-3　调整摄像机的步骤

- 调整聚焦，使镜头中的图像清晰
- 选择滤色片，适应不同光线条件
- 调整黑白平衡，确保颜色的准确
- 中心重和调整，可自动进行调整

设备合为一体，这也是拍视频的要义之一。

4. 麦克风——完美音质的生产者

在拍摄短视频的过程中，如果想要达到比较优质的效果，不仅要在画面效果上花心思，而且还要在音频质量上下功夫。除了设备本身自带的音频功能，还有没有什么别的方法帮助提升声音质量，让观众从音质中听出高低呢？这个时候辅助工具——麦克风隆重登场了，麦克风的选择关系到短视频的质量的高低，因此在选择的时候要仔细考虑优缺点，同时还要根据自己的具体需求进行筛选。

笔者在这里推荐一款实用价值高且具有个性特色的麦克风，即得胜PC-K810。它的外观比较"秀气"，而且附带金属制的防喷罩和制作精良的防震架。除此之外，它在功能方面也是不容小觑的，具体表现在如图4-4所示的几个方面。

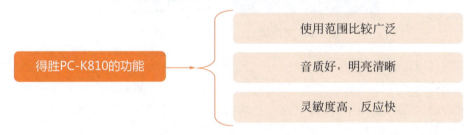

图4-4 得胜PC-K810的功能

5. 轨道车——移动拍摄必备利器

摄像机轨道车也是拍摄视频会用到的辅助工具，特别是在拍摄外景、动态场景时，轨道车就必不可少了。实际上，根据拍摄场景的需要，轨道车还分为多种类型，如电动滑轨非载人、便携式轨道车载人、电动轨道车匀速以及电动轨道车脚踏等。

4.1.2 主题：明确短视频的中心思想

短视频的拍摄，有一个要点要注意，那就是要明确地体现出短视频想要表达的主题。往往有中心思想的短视频，才有其本身独特的灵魂。而要想更好地表达短视频的中心思想，就需要短视频有一个良好的呈现。而良好画面的呈现，就需要在选择拍摄对象时加以注意，这样才能保证短视频中心思想能更清晰地表达与传递。

1. 把主题放在突出位置

所谓主体就是指短视频所要表现的主题对象，是反映短视频内容与主题的主要载体，也是视频画面的重心或中心。在短视频拍摄中，主体的选择十分重要，它关系到拍摄者想要表达的中心思想能否准确。

在展现拍摄主体时必须直接且清晰,并将其放置在短视频画面中的突出位置,如图4-5所示。这是因为短视频的内容有限,必须在很短时间内就让受众明白它要描述的主体和要表达的主题。

图4-5　将主体放在画面中的突出位置

在展现视频拍摄主体的时候,一般使用比较多的构图方式是主体构图或中心构图。也就是使要拍摄的视频主体充满视频画面,或者将其放在视频画面的中间位置,也可以让画面中的主体占据大比例,使用明暗对比衬托主体,或者使用色彩对比等都是直接表达主体的方法。

2.利用陪体丰富画面层次

所谓陪体,就是指在视频画面中对拍摄主体起到突出与烘托作用的对象。一般来说,在视频拍摄中,主体与陪体相辅相成,相互作用,使视频画面层次更加丰富,也使视频的主题随着主体与陪体的相互作用而不断增加。

在大多数时候,视频画面中出现的陪体往往不可或缺。一旦陪体被去掉,视频画面的层次感就会降低。与此同时,视频想要表达的主题也就随之减少甚至消失。这也说明了在视频拍摄当中,一旦出现了陪体,那么其作用不可小觑,如图4-6所示。

图4-6　视频画面中出现陪体

从图4-6中可以看出，视频画面的主体是美食，叶子则作为陪体的方式出现在画面中，在使视频画面左右平衡的同时，又让视频画面的层次更加丰富，使视频画面更具有生命力与活力。

在进行视频拍摄的时候，如果准备在视频画面中加入陪体，则需要注意陪体所占据的视频画面的面积不可大于视频主体。另外，要合理调整主体与陪体之间的位置关系和色彩搭配，切不可"反客为主"，使视频主体失去主导地位。

3. 借助环境烘托出主体

在视频拍摄中所说的拍摄的环境，从严格意义上来说，与视频拍摄的陪体非常类似，主要是对视频拍摄主体进行解释、烘托和加强，也可以在很大程度上加强观众对视频主体的理解，让视频的主体和主题都更加清晰明确。

在视频拍摄中的环境选择，大致从前景与背景两方面做分析。前景在视频中能起到增加视频画面纵深感和丰富视频画面层次的作用。而背景可以让拍摄主体的存在更加和谐、自然，同时还可以对视频拍摄主体所处的环境、位置、时间等作出一定的说明，更好地突出主体、营造视频画面的气氛。

4. 抓住最好的拍摄时机

对于视频拍摄来说，拍摄时机也很重要。一方面，世间万事万物都有其自身的时节，一旦错过了，就不得不等到下一次。比如你想要拍摄荷花，就必须夏天拍摄，想要拍摄露珠，就必须清晨或者傍晚拍摄。所以，在进行视频拍摄的时候，要注意抓住时机。另一方面，对于同一个视频拍摄主体来说，在不同时间点拍摄的视频画面所呈现出来的效果也是完全不同的。

4.1.3 尺寸：根据风格选择画幅比例

手机视频拍摄的过程中，要根据不同的场景、不同的拍摄主体，以及拍摄者想要表达的不同思想来适当变换画幅尺寸。画幅尺寸在一定意义上影响着观众的视觉感受，也就在很大程度上影响着手机视频的优劣程度。为视频选择一个合适的画幅，也是拍摄手机视频的关键。

VUE APP是由北京跃然纸上科技有限公司开发出来的视频软件，主打朋友圈小视频拍摄。它拥有更富有冲击力的竖屏画幅、全屏画幅，更有圆形画幅、宽画幅、超宽画幅、正方形画幅等多种画幅可供拍摄者选择。

VUE APP提供的多种画幅尺寸适合不同风格的视频场景拍摄，下面分别介绍不同画幅尺寸的特点及适合的拍摄场景，具体如图4-7所示。

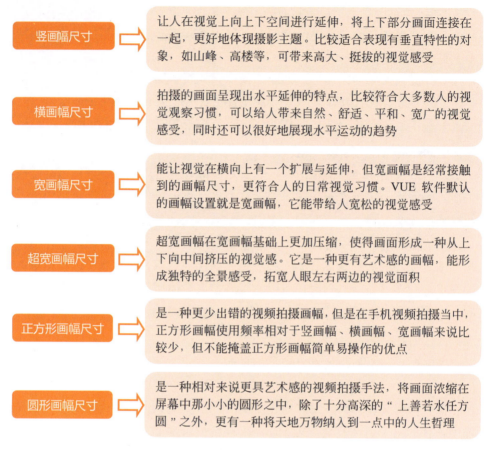

图 4-7 不同画幅尺寸的特点及适合的拍摄场景

4.1.4 稳定：不要让晃动影响了画质

在手机视频的拍摄过程中，想要保持手机视频的拍摄稳定，除了使用必要的手机稳定工具以外，还有很多其他的可以保持手机相对稳定的小技巧。下面笔者就来为大家介绍一下关于使用手机拍摄视频，保证手机稳定，保证视频画面稳定的小技巧。

1. 借助物体的支撑

在使用手机拍摄视频时，如果没有相应的视频拍摄辅助器，而是仅靠双手作为支撑的话，双手很容易因为长时间端举手机而发软发酸，难以平稳地控制手机，一旦出现这种情况，拍摄的视频肯定会晃动，视频画面也会受到影响。

所以，如果拍摄者在没有手机稳定器的情况下，用双手端举手机拍摄视频，就需要利用身边的物体支撑双手,才能保证手机的相对稳定。这一技巧也是利用了三角形稳定的原理,双手端举手机,再以将双手手肘放在物体上做支撑,双手与支撑物平面形成三角,无形之中起到了稳定器的作用。

日常生活中可以用作支撑的物体有很多,只要这一个支撑能够让手臂与其成为一个稳定的三角形就可以。比如在室内拍摄的话,可以利用椅子、桌子等,而在户外进行手机视频拍摄的话,则可以利用较大的石头、户外长椅、大树等可以支撑双手或身体的物体。

2. 采用正确拍摄姿势

用手机拍摄视频,尤其直接用手拿着手机进行拍摄的话,要想让视频画面稳定,除了手机要稳之外,拍摄视频的姿势也很重要。身体要稳,才能保证手机不动,保证视频拍摄出来是稳定的。

如果视频拍摄时间过长,这样的姿势更会导致身体的不适应,身体长时间倾斜着,不仅脖子容易发酸发僵,就连手臂也会因发酸而抖动,从而导致视频画面晃动,不清晰。正确的姿势应该是重心稳定,且身体觉得舒服的姿势,比如从正面拍摄视频,趴在草地上时,身体重心低,不易倾斜,且拿手机的手也有很好的支撑,从而能确保视频拍摄时手机的稳定性。

3. 寻找稳定拍摄环境

在视频拍摄中,寻找到稳定的拍摄环境,也会对手机视频画面的稳定起到很重要的作用。一方面,稳定的环境能确保视频拍摄者自身的人身安全;另一方面,稳定的环境,能给手机一个较为平稳的环境,让拍摄出来的手机视频也能呈现出一个相对稳定的画面。

相对来说比较不稳定、容易影响视频拍摄的地方有很多,如拥挤的人群、湖边、悬崖处等,这些地方都会给手机视频拍摄带来很大的阻碍。

4. 手部动作必须平缓

手机视频的拍摄,大部分情况下是离不开手的,这也就要求在手上面就要对手机视频拍摄的稳定打下良好的基础。动作幅度越小,对视频画面稳定性方面的影响肯定也是越小的,所以,手部动作幅度,也要小、慢、轻、匀。

所谓小,就是指手上动作幅度要小;慢,就是指移动速度要慢;轻,就是动作要轻;而匀,也就是指手部移动速度上要均匀。只有做到这几点,才能保证手机拍摄的视频画面相对稳定,视频拍摄的主体也会相对清晰,而不会出现主体模糊看不清楚的状态。如果手机本身就具有防抖功能,一定要开启,也可以在一定程度上使视频画面稳定。

4.1.5 清洁:定期清洁保持镜头洁净

所谓清洁镜头,不难明白就是指对手机镜头进行清理,使其干净没有污垢。尤其是对于手机的镜头来说,如今大多数的手机后置镜头采用的都是"凸出"设计。我们时常拿着手机到处乱放,屏幕朝上的放置方法自然很容易使手机的后置镜头沾上灰尘、污垢,甚至是磕到硬物而使镜头损毁。

以上这些情况的发生,不仅会使镜头的成像质量大大降低,而且很多污垢还会腐蚀镜头,使镜头的拍摄质量有所损失,所以要对手机镜头及时清洁。定期对手机镜头,尤其是后置镜头进行清理,一方面是对镜头的保护,另一方面更是为了将手机后置镜头上面的脏东西及时清除,以便更好地进行视频的拍摄,拍摄出来的视频画面才会更加清楚。

对于手机镜头的清理,不能马虎,因为镜头本身精密又"娇气",所以不能拿清水、洗浴产品等清洁产品来进行清理。清理手机镜头,可以使用专业的清理工具,或者十分柔软的布,将灰尘清理干净,如图4-8所示。

图4-8 镜头专业清理工具

图4-8中的工具就是专业的手机镜头清理工具。专业的镜头清洁布一般是由柔软材质制作而成,不会对镜头有刮蹭,搭配专业镜头清洗剂,用于去除一些附着在镜头上的顽固污渍;专业的镜头清洁刷,则是用于扫掉那些能够轻易扫掉的灰尘或杂质等。

4.1.6 静音:给拍摄创造良好的条件

呼吸声之所以也能在一定程度上影响视频拍摄的画质,是因为呼吸能引起胸腔的起伏,在一定程度上能带动上肢,也就是双手的运动。一般来说,呼吸声是否剧烈,能够影响双臂运动的幅度大小。呼吸声较大较剧烈,双臂的运动幅度也会增加。

所以,能够良好地控制呼吸的大小,可以在一定程度上增加视频拍摄的稳定性,从而增强视频画面的清晰度。尤其是用双手端举手机进行拍摄的情况下,这种反应显而易见。

要想保持呼吸的平稳与呼吸声均匀,在视频拍摄之前切记不要做剧烈运动,或者等呼吸平稳了再开始拍摄。此外,在拍摄过程中,要保持呼吸的平缓与均匀,也要做到小、慢、轻、匀,即呼吸声要小,身体动作要慢,呼吸要轻,要均匀。

如果手机本身就具有防抖功能，一定要开启，也可以在一定程度上使视频画面稳定。

专家提醒

在视频的拍摄过程中，除了呼吸声的控制，还要注意手部动作以及脚下动作的稳定，身体动作过大或者过多，都会引起手中手机的摇晃。所以，在视频拍摄时，最好呼吸声能与平稳均匀的身体动作保持一致。

4.1.7 分辨率：提升视频画面清晰度

分辨率是指显示器或图像的精细程度，其尺寸单位用"像素"来表示。如分辨率为 640×480，则表示水平方向上有 640 个像素点，垂直方向上有 480 个像素点。简单来说，分辨率的高低，决定着手机拍摄视频画面的清晰程度，分辨率越高，画面就会越清晰；反之，则越模糊。

那么，运营者在拍摄时应该如何设置分辨率呢？下面以华为手机为例，介绍设置分辨率的具体操作。

进入视频录制页面，❶在手机屏幕上向左滑动页面；进入"设置"页面，❷点击"分辨率"按钮；进入"分辨率"设置页面，❸根据要求选择具体的分辨率，即可完成视频录制的分辨率设置，如图 4-9 所示。

图 4-9　手机拍摄视频的分辨率设置

其实，用手机拍摄短视频，其分辨率的选择有多种，主要分为480P、720P、1080P以及4K等。那么，它们各自有哪些特点呢？笔者将其总结如下。

（1）480P标清分辨率：是如今视频中最为基础的分辨率。480表示垂直分辨率，简单来说就是垂直方向上有480条水平扫描线，P是Progressive Scan的缩写，代表逐行扫描。480P分辨率不管是在视频拍摄中还是观看视频中，都属于比较流畅、清晰度一般的分辨率，而且占据手机内存较小，在播放时，对网络方面的要求不是很高，即使在网络不是太好的情况下，480P的视频基本上也能正常播放。

（2）720P高清分辨率：720P的表达方式为HD720P，其常见分辨率为1280×720，而且使用该分辨率拍摄出来的视频声音，具有立体音的听觉效果。这一点是480P无法做到的。不管是视频拍摄者，还是视频观众，如果对音效要求较高的，就可以采取720P高清分辨率进行视频拍摄。

（3）1080P全高清分辨率：在众多智能手机中的表示为FHD1080P，其中，FHD是Full High Definition的缩写，意为全高清。它比720P所能显示的画面清晰程度更胜一筹。自然而然，对于手机内存和网络的要求也就更高。它延续了720P所具有立体音功能，但画面效果更佳，其分辨率能达到1920×1080，在展现视频细节中，1080P则有着相当大的优势。

（4）4K超高清分辨率：在华为手机里的表示为UHD4K，UHD是Ultra High Definition的缩写，是FHD1080P的升级版，分辨率达到了3840×2160，是1080P的数倍之多。采用4K超高清拍摄出来的手机视频，不管是在画面清晰度或者是在声音的展现上，都有着十分强大的表现力。

4.2 拍摄功能：熟悉的拍摄方法任你选

随着短视频内容的盛行，短视频APP不仅在数量上有了指数级增长，在功能上同样也有了很大的创新和发展。就如"抖音短视频"APP来说，它就具备了多种拍摄短视频的功能和入口。

本节就以"抖音短视频"APP为例，介绍4种大家熟悉的短视频拍摄方法。希望阅读完本节内容，读者能对"抖音短视频"APP的短视频拍摄有一个全新的了解。

4.2.1 拍摄同款：好听的音乐你也能用

一打开"抖音短视频"APP，就会看到平台推荐的一些比较热的短视频内容。

> 第4章 拍摄：小小的短视频也能拍出大片感

如果运营者觉得该短视频的背景音乐是你喜欢的或拍摄视频要用到的，那么就可借助其拍摄同款短视频。利用"拍摄同款"功能拍摄短视频的操作如下。

进入"抖音短视频"APP"推荐"页面，上下滑动选择自己喜欢的短视频，❶点击右下角的"原创背景音乐"按钮，如图4-10所示；进入相应页面，❷点击"拍同款"按钮，如图4-11所示，即可进入短视频拍摄页面开始拍摄同款短视频。

图4-10　点击"原创背景音乐"按钮　　图4-11　点击"拍同款"按钮

4.2.2　视频上传：快速合成和制作短视频

在"抖音短视频"APP上，除了可拍摄即时短视频外，还可把以前拍摄的短视频内容上传，并通过编辑制作合成短视频。本节就介绍上传并制作短视频的方法。

步骤 01　进入"抖音短视频"APP首页，❶点击下方的[+]按钮，如图4-12所示；进入视频拍摄页面，❷点击"上传"按钮，如图4-13所示。

步骤 02　执行操作后，即可进入"上传"页面，在"视频"页面，❶选择一个上传的视频，如图4-14所示；❷进入相应页面选择视频范围，如图4-15所示；然后合成视频并进行编辑，即可完成视频的制作。

图4-12 点击[+]按钮

图4-13 点击"上传"按钮

图4-14 选择一个上传的视频

图4-15 选择视频范围

4.2.3 图片电影：让照片充分"动"起来

在"抖音短视频"APP上，不仅上传的视频可以制作和编辑合成短视频，图片同样可以通过编辑合成短视频，形成图片电影，从而让静止的照片充分"动"起来。本小节就介绍在"抖音短视频"APP上合成照片电影的功能操作。

首先按照上一小节中的 步骤01 进行操作，进入"上传"页面，在"图片"页面，❶选择多张图片；❷此时会在右上角出现"生成照片电影"字样并点击，如图4-16所示；执行操作后，即可进入相应页面对照片电影进行编辑，如图4-17所示。

图4-16　选择图片并点击"生成照片电影"　　图4-17　照片电影的编辑页面

4.2.4 直播拍摄：3大标准开通抖音直播

在"抖音短视频"APP中，还有一个实时视频功能，那就是抖音直播，它是在抖音"故事相机"功能入口的基础上发展起来的。

当然，抖音的直播并不是所有抖音用户都可使用的，它还需要运营的抖音号具备一定的条件。一般来说，要开通抖音直播功能，可分为三个标准，如图4-18所示。抖音号只要达到其中任意一个标准即可申请开通。

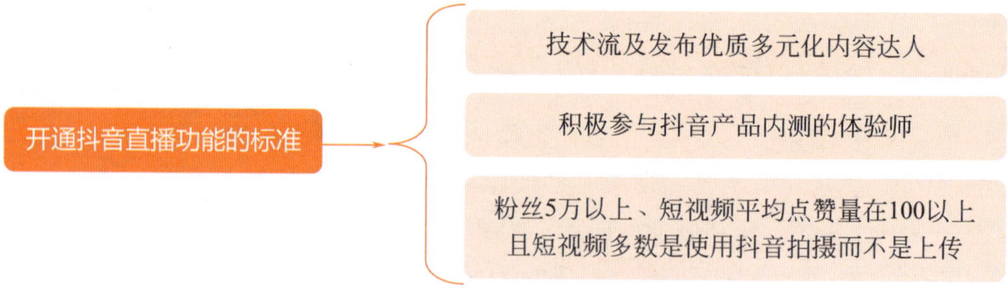

短视频运营一本通：拍摄+后期+引流+变现

```
开通抖音直播功能的标准 ─┬─ 技术流及发布优质多元化内容达人
                       ├─ 积极参与抖音产品内测的体验师
                       └─ 粉丝5万以上、短视频平均点赞量在100以上
                          且短视频多数是使用抖音拍摄而不是上传
```

图 4-18 开通抖音直播功能的三个标准介绍

在"抖音短视频"APP中，点击首页中"推荐"页面右上角的 LIVE 按钮，如图 4-19 所示，即可在该页面上方显示正在直播的热门直播内容，如图 4-20 所示。当然，这也是运营者进入直播间的一个重要入口。

图 4-19 点击 LIVE 按钮

图 4-20 显示热门直播

4.3 加分功能：抖音上你还可以这样拍

除了上文中介绍的几种与其他平台一样的拍摄功能外，抖音在拍摄视频方面还具有一些其他功能，这些功能可以在很大程度上提升短视频拍摄技能和效果。

4.3.1 切换音乐拍摄：选择更合适的音乐

抖音作为一个年轻人音乐短视频社区，在音乐方面是有着巨大的优势的。除了上文中介绍的拍同款外，还可以切换音乐拍摄——如果运营者觉得当前短视频内容的背景音乐与自身要拍摄的短视频内容不相符，就可采用此方法。

在此，笔者以在拍摄短视频之前切换音乐为例，具体介绍切换音乐拍摄功能的操作过程。

进入"抖音短视频"APP"推荐"页面，❶点击下方的[＋]按钮，如图4-21所示；进入视频拍摄页面，❷点击上方的"选择音乐"按钮，如图4-22所示，即可相应页面切换音乐进行拍摄。后续的选择背景音乐操作将在4.4.1中进行详细介绍，这里就不再赘述。

图4-21　点击[＋]按钮

图4-22　点击"选择音乐"按钮

4.3.2 参与话题挑战赛：实现快速获取流量

有对比才能显出优劣。"抖音短视频"APP就为众多爱好短视频的新媒体运营者提供了展示才华的舞台，那就是抖音上的各种挑战赛。

对于那些没有流量和粉丝但内容优质的运营者来说，参加挑战赛是一个不错的选择——它可以让你凭借优质的内容，借助挑战赛的热点和参加挑战赛的其他有流量的抖音号来快速获取用户关注。本小节就为大家介绍进入参与挑战赛的方法和操作。

进入"抖音短视频"APP首页，切换到"消息"页面，❶点击"抖音小助手"按钮，如图4-23所示；进入相应页面，❷点击选中的挑战赛右侧的"参与"按钮，如图4-24所示；进入该挑战赛页面，❸点击下方的"参与"按钮，如图4-25所示，即可进入页面拍摄和编辑短视频内容。

图4-23　点击"抖音小助手"按钮　　图4-24　点击"参与"按钮　　图4-25　点击下方"参与"按钮

4.3.3　合拍功能：打造优质的强互动视频

在抖音平台上，合拍功能主要是为了增强与用户互动的，是促进短视频传播和推广的有效方法。因此，运营者要学会和善于运用这一功能开展工作，提升短视频运营效果。

下面就对这一功能的玩法进行具体介绍，希望能为运营者进行短视频推广提供更多机会。

合拍功能玩法的操作还是比较简单的，具体操作为：在选择合拍的视频页面，❶点击"分享"按钮，如图4-26所示；在弹出的"分享到"窗格中，❷点击"合拍"按钮，如图4-27所示；当视频加载和合成完成后，即可进入视频拍摄页面，如图4-28所示，进行相应设置和拍摄视频；拍摄完成后，进行视频编辑和发布，即可完成视频合拍。

> 第4章 拍摄：小小的短视频也能拍出大片感

图 4-26 点击"分享"按钮　　图 4-27 点击"合拍"按钮　　图 4-28 合拍视频拍摄页面

 专家提醒

其实，除了抖音外，"快手"APP也有类似合拍的功能——"一起拍同框"。在快手的合拍视频拍摄页面，除了一般的视频拍摄设置外，还有一个合拍视频的位置选择按钮，包括左屏、右屏和画中画，如图4-29所示。

图 4-29 快手合拍视频的位置选择

4.3.4 抢镜功能：小窗口的个性化短视频拍摄

与合拍一样，抢镜也是抖音在内容表达的技术创新方面的一个表现——能够有效地通过内容提示用户的参与度和体验度。虽然，合拍和抢镜都是在原有的平台短视频上进行内容制作，并与其共同显示出来，但是，抢镜功能与合拍还是有着本质区别的——它更多的是利用视频化的内容来表达用户的态度，而不再是通过单纯的文字评论和点赞等方式来反馈。图4-30所示为合拍与抢镜功能的差异介绍。

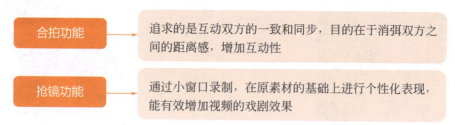

图4-30 抖音合拍与抢镜功能的差异介绍

那么，运营者如果想要通过抢镜功能来推广短视频，应该如何操作呢？下面将进行具体介绍。

进入抖音，❶点击"分享"按钮，如图4-31所示；在弹出的底部窗格中，❷点击"抢镜"按钮，如图4-32所示。开始加载并合成视频，然后进入视频拍摄页面，如图4-33所示，在页面左上角会出现一个小视频窗口，接下来就是按照抖音短视频拍摄和编辑视频的方法进行操作即可。

图4-31 点击"分享"按钮　　图4-32 点击"抢镜"按钮　　图4-33 抢镜视频拍摄页面

> 第4章 拍摄：小小的短视频也能拍出大片感

专家提醒

在利用抢镜功能拍摄视频时，左上角的小视频窗口是可以改变形式和移动的，具体操作如下。

（1）改变形式：运营者只要点击一下长方形小视频窗口，即可变为圆形窗口。

（2）移动位置：运营者只要按住小视频窗口不放，当页面上出现一个黄色的虚线框后，滑动手指将小视频窗口移至目标位置，然后松开手指，即可完成操作。

4.4 拍摄步骤：如何拍摄抖音音乐短视频

上面介绍了"抖音短视频"APP的多种短视频拍摄功能，而短视频APP的视频拍摄又有很多相似之处，因而一通百通，相信大家已经对短视频平台的视频拍摄已经有了比较多的了解。

在此，笔者为了进一步深化上面介绍的"抖音短视频"APP的多种拍摄功能，特意选取了一种大家常用的短视频拍摄方法——切换音乐拍摄来进行介绍。

4.4.1 选择音乐：设置视频背景声音

在"抖音短视频平台"APP上，运营者利用切换音乐拍摄短视频，其中的一个关键步骤就是在拍摄前选择和设置好背景音乐。通过4.3.1内容可知，运营者可以点击短视频拍摄页面的"选择音乐"按钮进入"选择音乐"页面。图4-34所示为"抖音短视频平台"APP的"选择音乐"页面。

在该页面上显示平台推荐的音乐、歌单分类等信息，运营者如果想要查看更多的歌单类别，可以点击"歌单分类"右侧的"查看全部"按钮，进入想要页面进行查看，如图4-35所示。

在此，笔者选择点击"国风"按钮进入"国风"页面，❶选择需要的音乐，如图4-36所示；此时会在所选择的音乐右侧出现"使用"按钮，❷点击该按钮，如图4-37所示，即可进入视频拍摄页面进行拍摄了。

图 4-34 "选择音乐"页面

图 4-35 查看更多配乐分类

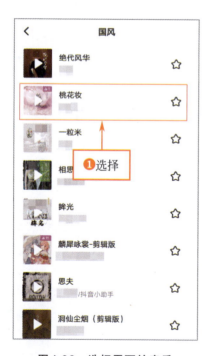

图 4-36 选择需要的音乐

图 4-37 点击"使用"按钮

> 第4章 拍摄：小小的短视频也能拍出大片感

> **专家提醒**

当然，如果运营者在拍摄前已经想好要选择的背景音乐，为了快速找到该音乐，也可以在"选择音乐"页面上方的搜索栏中进行搜索，这样可以大大地节省查找的时间成本。

4.4.2 正式开拍：生成音乐短视频

在"抖音短视频平台"APP的视频拍摄页面，运营者可以利用"拍照""单击拍摄"和"长按拍摄"三种方法拍摄。同时还可以利用该页面上的功能和按钮进行拍摄设置。在此笔者以"单击拍摄"为例介绍短视频的拍摄。

在视频拍摄页面，❶点击"单击拍摄"按钮进行拍摄，如图4-38所示；在拍摄过程中，如果运营者要分多个场景或因为某一原因而暂时停止拍摄，❷点击图4-39中的按钮即可。因为抖音短视频的默认时长规定为15秒，因此，当拍摄的视频时长已有15秒时会自动停止拍摄并对视频进行合成。

图4-38 点击"单击拍摄"按钮

图4-39 点击相应按钮暂停拍摄

在拍摄过程中进行分段拍摄，运营者每拍一段视频，都会在右下角出现❌和✅的图标，如图4-40所示。如果运营者希望保留上一段视频，那么即可点击✅图标;如果视频不清晰,运营者希望删除上一段视频,那么即可点击 图标,然后在弹出的提示框中点击"确定"按钮,如图4-41所示,即可删除上一段视频。

在拍摄视频时,相信大家已经注意到了,在视频拍摄页面,还有一些按钮和图标存在,下面将一一进行介绍。

图4-40　出现 和 图标

图4-41　点击"确定"按钮

翻转 ：可以在前置摄像头和后置摄像头之间进行切换。一般来说,都选用后置摄像头,自拍除外。

速度关 /开 ：可以用来设置拍摄速度。当该按钮处于"速度开"状态时,会在页面上出现5个设置拍摄速度的选项 ,运营者可以为将要拍摄的视频选择合适的拍摄速度。

美化 ：包括"滤镜"和"美颜"两项,如图4-42所示。运营者可以选择相应的选项设置拍摄视频的效果：如可以根据拍摄对象来选择合适的滤镜；在拍摄人物时可以调整美颜效果。

倒计时 ：可以设置拍摄时间。图4-43所示为"倒计时"设置页面。如果想要拍摄15秒视频,保持默认设置即可；如果想要拍摄10秒或其他时长的视频,则可以拖动右侧的拉杆选择暂停位置,然后点击"开始拍摄"按钮即可拍摄相应时长的短视频。这对于分多段拍摄的短视频非常适用——可以合理安排各段视频时长。

 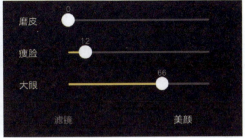

图4-42 "滤镜"和"美颜"设置页面

剪音乐🎵：这一图标只有在已选择了背景音乐的情况下才会出现。点击该图标后，运营者可以通过左右拖动声谱来剪取音乐，如图4-44所示。然后点击 ✓ 图标即可确认剪取的音乐。

图4-43 "倒计时"设置页面　　图4-44 "剪音乐"设置页面

更多🔳：可以为视频的拍摄进行更多的设置，有些会包含"时长"和"闪光灯"两个选项，有些就只有"闪光灯"一项。在"闪光灯"设置中，可以切换闪光灯的开关状态，建议在弱光环境下可以开启闪光灯功能。

4.4.3 剪辑加工：让短视频更优质

短视频的剪辑加工包括多方面的内容，如声音、剪音乐、特效和字幕等。在智能手机普遍应用和各种APP纷纷出现的情况下，这些都可通过手机来完成。特别是一些受大家青睐的短视频后期加工APP，如小影、爱剪辑、美摄等，可在后期加工中让视频质量更上一层楼。

除了手机APP可以完成后期加工外，运营者还可以利用专业的视频编辑软件来操作，如大家熟悉的会声会影、Premiere等，就有多种版本可应用。

当然，随着APP版本的更新和功能的发展，视频拍摄APP同样提供了一些常用的视频剪辑加工功能，"抖音短视频平台"APP就是如此。在此，就以"抖音短视频平台"APP为例，介绍如何进行短视频的编辑加工。

在"抖音短视频平台"APP中，拍摄完视频之后即可进入相应短视频编辑页面，如图4-45所示。

❶剪音乐：这一操作可以在拍摄视频时就完成，在此就不再赘述。

❷声音：这一编辑操作可以调整"原声"和"配乐"的音量大小，如图4-46所示。不知大家注意到没有，图中"原声"一项相比而言比较暗淡，呈现出不能操作的灰色显示，其原因在于拍摄的视频内容中是没有声音的。

❸选音乐：如果运营者觉得当前选择的音乐不满意，就可以点击"选音乐"按钮进入"更换配乐"页面进行选择。其操作与前文中介绍的选择背景音乐操作类似。

❹特效：在特效编辑中，包括"滤镜特效"和"时间特效"两项，如图4-47所示。在图4-47所示的编辑页面，运营者首先应拖动视频下方的按钮选择要添加特效的视频画面，然后再为选择的画面设置特效。设置完成后，点击右上角的"保存"按钮即可。

图4-45　短视频编辑页面

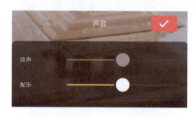

图4-46　"声音"编辑页面

❺选封面：这一编辑操作可以为短视频设置好看的封面图片。点击"选封面"按钮进入相应页面，如图4-48所示，选择一张封面，然后点击"完成"按钮即可。

❻滤镜：此处的"滤镜"编辑与上文中视频拍摄页面的"美化"中的"滤镜"是一样的，都包含了"人像""风景"和"新锐"三项，这里不再赘述。

❼贴纸：在贴纸功能中，包括"贴图"和"表情"两项，如图4-49所示。运营者可根据短视频内容和情境需要选择合适的贴纸，以便增加内容的趣味性和表达的丰富性。

上述操作都编辑完成后，点击"下一步"按钮，即可进入"发布"页面进行视频的上传操作。

> 第4章 拍摄：小小的短视频也能拍出大片感

图4-47 "特效"编辑页面　　　　　　图4-48 "选封面"编辑页面

图4-49 "贴图"和"表情"设置页面

专家提醒

在"抖音短视频平台"APP上拍摄的视频，是不能进行剪辑操作的。如果是上传的视频，就能进行剪辑。

4.5 实用原则：让短视频效果更上层楼

在如今的短视频APP中，抖音可谓是热门中的热门，受到了众多年轻人的喜欢。与此同时，众多自媒体人也看到了这一运营商机，纷纷进驻抖音，开始了获取流量和快速变现的短视频运营之旅。

而要想让获取流量和快速变现的效果更显著，就需要注意短视频的质量。在此，笔者从各个角度出发，介绍了4个实用的拍摄原则，帮助读者拍摄出更优质的抖音短视频。

4.5.1 快慢速度：要与视频情境和主题相符

在平常观看视频中，大家可能已经注意到了，有些视频画面的运动相对正常情况来说是明显过快了的，而有些有画面又显得慢慢悠悠的。其实这些都是因为对视频设置了与视频情境和主题相符的快慢速度的结果。

诚然，在视频拍摄和制作过程中，选择一个与音乐合拍的视频速度，让音乐的节点恰好对应视频内容中某一关键点，那么视频的效果明显会更和谐，带给受众的感觉也就会更舒服。

那么，在视频拍摄过程中，应该如何选择呢？视频的具体效果又如何呢？关于调整合适的视频快慢速度的分析如图4-50所示。

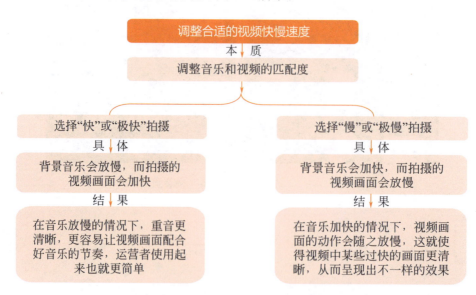

图4-50　调整合适的视频快慢速度分析

4.5.2 音乐节奏:要击中动作或场景转换

随着抖音短视频的出现和兴起,越来越多的平台加入了音乐短视频的行列,快手就是其中之一。在这样的情况下,关于拍摄过程中音乐节奏的把握就显得至关重要了。只有让音乐的节奏与短视频内容和谐地统一起来,短视频内容才有可能称得上是优质的,才会让受众在观看的过程中感受到其中的美感。

关于音乐短视频的节奏问题,根据拍摄与配乐前后顺序的不同,下面将从两个方面进行分析。

1.先拍摄后配乐

运营者如果有拍摄后的视频,然后需要对其进行配乐,这样的话,节奏就难以把握。此时,运营者一方面需要尽量选择与视频内容相符的音乐;另一方面,一般拍摄的视频相对于15秒、11.5秒等短视频来说,长度都会较长,此时就可以通过剪辑的方式,让短视频内容的一些动作和场景切换恰好击中背景音乐的转折点。

当然,如果短视频内容的动作或场景切换比较多,而抖音、快手等平台提供的背景音乐可能并没有如此多的节点,那么就可以重点把握重要节点,其他的可以忽略。这样的话,运营者尽量拍摄长一点的视频,在让动作或场景切换卡好短视频节奏的情况下,就可以从音乐节奏开始往前和音乐节奏结束往后把短视频内容剪掉,保证节点不消失。

2.根据音乐开拍

上面说的是先拍摄后配乐的方式,其实,无论是快手还是抖音,其主打的都是根据选好的音乐开拍。此时,如果运营者节奏感强和拍摄短视频非常熟练的话,就可以游刃有余地把握好每一个动作和转场。

有人会说,如果运营者在节奏与动作、转场的配合上不能熟练掌握的话,那么怎么办呢?笔者就告诉你一个比较实用的方法,那就是利用短视频平台的功能来开拍,如抖音的"倒计时"、快手的"定点停"等。如图4-51所示为快手"定点停"功能。

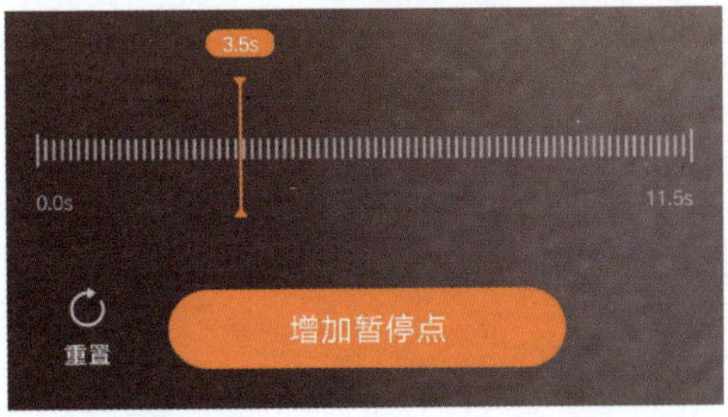

就如抖音的"倒计时"功能,运营者可以在正式进行拍摄之前选择倒计时功能,并把倒计时设置的节拍器上的黄色线条移动到背景音乐的一个节点上,此时会显示所选择位置的视频时长。运营者点击"开始拍摄"后,就可尽量在设定的

图4-51 快手"定点停"功能

视频时长内完成动作或转场,然后短视频拍摄工作就会暂停。此时动作或转场无疑是在音乐节点上的。就这样一段段地进行短视频的拍摄,就可轻松地把握好节奏了。

> **专家提醒**
>
> 当然,在倒计时功能使用过程中,运营者还应该注意平台留给拍摄者的3秒的准备时间——尽量让一切工作准备就绪,并让播主尽快进入角色,这样才能拍摄出更自然、优质的短视频。

4.5.3 分段拍摄:创意打造"秒变装"效果

在前面的3.3.2中已经简单介绍了分段拍摄的具体操作,而要想通过分段拍摄打造出更加具有创意的短视频,就需要掌握更多有关分段拍摄的技巧和知识,这样才能让短视频内容更优质。

可能有人会认为,分段拍摄视频,只要随便拍摄几段,然后把它们合成一个短视频就行了。其实并不是如此。如果按照这样的说法和做法来拍摄,那么拍出来的视频必然会让人感觉违和、生硬。这样的视频被运用在短视频平台的运营中,必然也是失败的。

因此,在拍摄分段视频时,还必须注意分段视频之间的连贯性和内在逻辑,这样才能让视频在和谐的基础上产生创意。

就如大家熟悉的"秒变装"类的视频,就必然要以保持视频中的背景、人物等不变来制造连贯性,也就是保持视频内参照物的不变,让受众不感觉突兀,从而打造出和谐的、有创意的秒变装短视频。其实这就是视频领域所谓的"静态转场"。

既然有"静态转场",那么相对的也应该有"动态转场",确实如此。只不过相对于静态转场而言,动态转场就明显比较复杂和多样。具体说来,通过动态转场来拍摄分段视频,主要有三种情况,如图4-52所示。

图4-53所示就是一个典型的利用动态转场拍摄的分段视频。大家一起来看看效果吧——是不是感觉很酷炫呢?前一段视频的最后一个场景是手指指向鼻尖和闭眼的动作,后一个视频的第一个场景又恰是手指指向鼻尖和逐渐睁开眼睛的动作,其摄像头没变,但主体物已经完成了动作连贯的秒变装画面转换。

第4章 拍摄：小小的短视频也能拍出大片感

通过动态转场拍摄分段视频	摄像机不动，主体物动作保持连贯	内容	在摄像头完全不动的情况下拍摄分段视频，要求上一段视频中最后一个场景（主体物及其动作）应该在下一段视频中出现，然后才能开始下一个场景变换
	主体物不动，摄像机拍摄方向连贯	内容	在视频主体物不动的情况下拍摄分段视频，要求摄像头保持某一方向拍摄不变，保证其连贯性——或是始终从左至右，或是始终从右至左
	主体物和摄像机都动，且前后连贯	内容	在主体物和摄像头都变动的情况下拍摄分段视频，也需要保持方向或动作的连贯性，当然，此时视频中的主体物已经发生了变化，如换了人、背景等

图4-52　通过动态转场来拍摄分段视频

图3-53　利用动态转场拍摄的分段视频

4.5.4　平台道具：善于运用拍摄时享用无穷

在抖音平台上，运营者可以利用的前期拍摄功能和后期编辑功能还是不少的，这些都是促进短视频内容更有颜值和更优质的必要条件。

特别是平台提供的道具的使用，更是让运营者受用无穷——抖音平台的道具都是在时时更新的，它把用户使用最热门的道具、最新的道具，以及其他各种风格的道具都展示了出来。图4-54所示为抖音平台的部分道具展示。

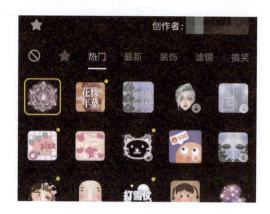

图4-54　应用小道具

另外，前文中提及的"美化"功能和"贴纸"功能同样是抖音平台上可以善加利用的道具和功能。运营者如果能熟练运用好这些道具和功能，那么不愁拍不出好的短视频了。

的确，如果短视频运营者能很好地利用好道具、特效、贴纸和表情等，那么对一段视频内容无疑是能增添巨大魅力的，如图4-55所示。另外，如果短视频中出现了某方面的瑕疵，那么利用道具、特效、贴纸和表情等来遮掩，不仅能修正短视频内容，还能让本来存在问题的短视频达到意想不到的效果。

图4-55　短视频中的特效和道具运用

第5章
后期：用匠心为你的短视频增光添色

学前提示

> 短视频的制作过程并不是一蹴而就的，要想打造出史诗级的作品，就必须经过千锤百炼。光是拍好了短视频，是不能马上进行推广和宣传的，只有经过了后期的制作和打磨，才能实现理想中的完美视频效果。本章将介绍后期制作的工具，让短视频的魅力传播得更远。

要点展示

- APP：移动端短视频加工好帮手
- 软件：电脑端短视频剪辑加分项
- 工具：短视频的细节打磨辅助器

5.1 APP：移动端短视频加工好帮手

随着短视频的发展，后期APP数量上也有所增加，各种短视频后期制作应用层出不穷，争相斗艳，各具特色。那么，这些短视频后期APP究竟有哪些独特之处呢？本节将向大家介绍几款人气爆棚、实际好用的后期APP，让加工短视频变得轻而易举。

5.1.1 小影：电影级的后期配置

小影APP是由杭州趣维科技有限公司研制开发的一款集手机视频拍摄与视频编辑于一身的软件。小影APP的用户以90后、00后偏多，因该软件的视频拍摄风格多样，特效众多，而且视频拍摄没有时间限制而受到众多人的追捧。

小影APP最大的特色就是即拍即停。它主要用于短视频的拍摄与后期调整。在小影APP上，运营者可以拍摄、剪辑视频，可以设置特效让图像呈现出不一样的效果，还可以保存没有上传的视频草稿。图5-1所示为小影APP的主要功能。

图5-1 小影APP主要功能

❶视频剪辑：小影APP电影级的后期配置，如视频剪辑、视频配音、视频音乐等，简单易懂上手快，可以实现超快的视频后期打造。

❷视频特效：视频特效主要是对图像进行特殊处理，包括一键大片、拍摄、新手教程、素材中心、美颜趣拍、画中画编辑、画中画拍摄以及音乐视频等，可以使图像呈现出特效效果。

❸保存草稿：已经完成编辑但是还没有上传的视频，以及尚未完成编辑的视

频将在此处保存，以便后期提取运用。

❹相册MV：点击即可利用照片制作成视频MV。

此外，在小影APP中还有下列具体功能，一是实时特效拍摄镜头；二是超棒的FX特效以及大量精美滤镜可供用户选择与使用；三是利用小影APP拍摄手机视频，除了可以在拍摄时就使用大量精美滤镜之外，该软件还有"自拍美颜"拍摄模式、"高清相机"拍摄模式以及"音乐视频"拍摄模式，更有九宫格辅助线帮助用户完成电影级的手机视频拍摄。

> **专家提醒**
>
> 小影APP还有视频平台分享功能，用户可以将自己拍摄的视频上传到小影APP的平台上面去，以供更多人欣赏。此外，在小影APP中，还有"小影百宝箱"，这一项功能中，小影APP将视频按照不同的风格与题材进行分类，用户可以在这里面下载相应的视频主题、相应字幕以及相应特效等。

5.1.2 乐秀：全能的视频编辑器

乐秀APP是由上海影卓信息科技有限公司开发出来的一款视频编辑器，它界面干净简洁，操作简单，是一款强大的手机视频后期处理APP。

乐秀APP不仅可以将图片制作成视频，并对视频进行编辑，还能将图片和视频合成视频，几乎包含了所有视频编辑APP应该有的功能，堪称全能。它的主要功能展示页面如图5-2所示，比较详细。

图5-2 乐秀APP主要功能页面展示

❶视频编辑：对手机中已经有的手机短视频进行后期处理。精美滤镜功能，可以对视频进行滤镜切换，风格随意挑；视频涂鸦功能，可以直接对视频进行涂鸦，增加了视频的创造性；动态贴纸功能，可以将好看的贴纸粘贴在视频之中，让视频更富有趣味性。

除此之外，乐秀编辑器还能给视频添加主题、为视频配乐，以及设置视频比例、背景和淡入淡出等，让手机视频拍摄后期更有乐趣，更具吸引力。

❷超级相机：乐秀APP的超级相机功能中，可以轻松地完成视频的拍摄。

❸音乐相册：音乐相册主要针对的是图片，将图片制作成为动态音乐相册。

❹视频特效：通过APP的素材中心，可以提供各种特效素材。

❺工作室：对于已经发布的和还没有编辑完的视频，都能在此处保存。

❻制作Gif：对视频、图片进行编辑后可导出格式为Gif的图像。

❼编辑工具：更系统更专业的单项视频编辑操作工具。

除此之外，乐秀APP在视频编辑之后，还可以将视频发布到美拍、优酷、朋友圈等平台上去。

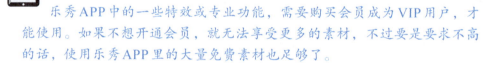

专家提醒

乐秀APP中的一些特效或专业功能，需要购买会员成为VIP用户，才能使用。如果不想开通会员，就无法享受更多的素材，不过要是要求不高的话，使用乐秀APP里的大量免费素材也足够了。

5.1.3　巧影：人性化的功能设置

巧影APP是由北京奈斯瑞明科技有限公司研制发布的一款手机视频后期处理软件，它的主要功能有视频剪辑、视频图像处理和视频文本处理等。

除了对手机视频的常规编辑之外，巧影APP还有视频动画贴纸、各色视频主题，以及多样的过渡效果等，能帮助手机视频的后期处理更上一层楼。图5-3所示为巧影APP主要功能页面展示。

❶视频编辑：点击该按钮即可进行视频的后期编辑，巧影APP中的后期编辑主要有手机短视频的剪辑、字幕的添加、特效添加、图层覆盖、为视频配音以及为视频添加背景音乐等。

❷软件设置：点击软件设置按钮可以设置软件的硬件参数，如视频默认时间调整、排序方式、浏览模式、已录制视频的位置以及输出帧率等。

❸素材商店：用户可以在素材商店中下载相应的特效、滤镜、字体、背景音乐、贴纸等，能够让视频的后期编辑种类更加丰富。

第5章 后期：用匠心为你的短视频增光添色

图5-3 巧影APP主要功能页面

此外，巧影有一个比较贴心的设计，点击图5-3中的 图标，即可进入"帮助＆支持"页面；运营者可点击右侧的"帮助"按钮，即可进入"客户服务"页面，选择需要了解的关于该APP功能和操作的各种信息。这对于新手来说是相当实用的。图5-4所示为巧影APP的"客户服务"页面。

> **专家提醒**
>
> 巧影APP的编辑界面不同于其他手机短视频后期软件的编辑界面，巧影采用横屏操作，功能分类且集中，无需到处寻找或者界面转换，十分有利于视频的集中性后期操作。

图5-4 巧影视频编辑的疑问详解

5.1.4　FilmoraGo：颜值控的不二选择

FilmoraGo APP是一款由深圳万兴信息科技股份有限公司研发的一款专注于视频后期编辑的手机软件，是一款号称颜值与实力并存的手机短视频后期处理软件。FilmoraGo APP最大的特色就是简单、免费、无广告，而且视频时间长度没有限制，个性主题海量选。FilmoraGo APP的主要功能页面如图5-5所示。

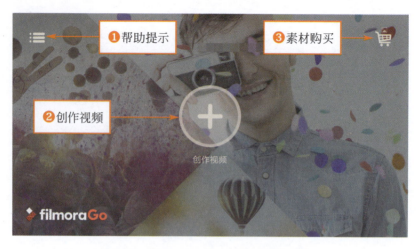

图5-5　FilmoraGo APP 主要功能页面

❶帮助提示：当用户在软件使用方面有问题时，可在此进行咨询或者问题反馈。

❷创作视频：对导入手机中的视频进行编辑。点击该按钮进入相应页面，用户可以对手机视频进行剪辑、视频主题添加、视频配乐设置、转场效果设置、调节视频画幅尺寸以及其他更多的视频编辑等。

❸素材购买：用户可以购买自己喜欢的特效或视频编辑素材。

> **专家提醒**
>
> FilmoraGo APP 的视频编辑当中，除了笔者上述提到的视频剪辑等功能之外，用户还可以对视频的滤镜、贴纸、特效等进行酌情添加，用户可以根据自己的喜好将视频编辑得更有个性。

5.2　软件：电脑端短视频剪辑加分项

虽然移动端的后期制作应用功能已经很全面了，而且操作起来也相当方便，但想要取得更加完美的效果，让短视频变得更加引人注目，就少不了后期软件的助攻了。后期软件的功能更加多样，而且更加系统和专业，当然，相应的操作的方法也要难一些。不过，笔者在本节介绍的都是几款比较常用、容易上手的后期软件，所以在使用的过程中也不会有太大的问题。

5.2.1 快剪辑：新手入门的必备选项

快剪辑是一款率先支持在线视频剪辑的软件，而且十分方便，可随手录制剪辑。软件提供了大量的声音特效、字幕特效、画面特效等多种功能，最重要的是，无强制片头片尾，无广告。快剪辑的工作界面也比较简洁大方，主要包括预览面板、素材库、时间轴面板三大部分，具体如图5-6所示。

图5-6 快剪辑的工作界面

❶预览面板：剪辑的视频文件可以在此面板中查看预览效果，而且还可以点击面板右下方的扩展图标对视频进行全屏展示，更加全面直观地查看剪辑效果。

❷素材库：是添加素材的区域，可添加的素材包括图片、音频、视频，而且上传的路径有两条，一条是本地，一条是线上。

❸时间轴面板：是编辑视频最为重要的区域，可在时间轴上对视频进行剪辑和后期制作，比如编辑字幕、添加背景音乐、制作音效等。而且，时间轴的大小也是可以自由调节的，在时间轴面板的左上方有调节大小的按钮，按照需求点击即可。

> **专家提醒**
>
> 快剪辑软件的特色就和它的名称一样，"快"。在保证速度的同时，又能满足视频后期制作的基本需求，是新手们剪辑视频不可多得的好帮手。而且快剪辑提供的视频剪辑功能是一站式的，制作完成后即可保存导出，想要分享上传的话也可一步搞定，这就减少了传播短视频的流程，提升了效率。

5.2.2 爱剪辑：功能强大的免费软件

爱剪辑是一款颇具创新性和颠覆性的剪辑软件，它的特色在于接地气的功能设计，符合大众的使用习惯和审美特点，而且操作起来简单易学，就连小白也能学会后期制作！

爱剪辑的功能十分强大，主要表现在全面和多样。比如提供超全的视频与音频格式支持，妙趣横生的文字特效、各式各样的风格效果、眼花缭乱的转场特效、迷人动听的音频效果、炫酷时尚的字幕功能、专业大方的相框贴图以及贴心的去水印功能。总而言之，后期制作的功能应有尽有。

爱剪辑的工作界面简单大方，一目了然，主要包括菜单栏、信息列表、预览面板、添加面板以及信息面板等五大板块，如图5-7所示。

图5-7　爱剪辑的工作界面

❶菜单栏：主要有"视频""音频""字幕特效""叠加素材""转场特效""画面风格""MTV""卡拉OK"以及"升级与服务"等栏目，在需要对视频或者音频进行效果的添加的时候，点击对应的图标即可。

❷信息列表：是展示编辑的视频或者音频的区域，假如是剪辑两段或者两段以上的视频，先剪辑好的视频素材可以在此面板中查看相关信息，比如"文件名""截取时长"以及"在最终影片中的时间"。此外，这个区域同时也是设置各种特效的地方，选择风格、转场都是在此处完成的。

❸预览面板：是展示剪辑中的视频效果的面板，在此区域中，可以对视频进行加速或减速，还可以调节音量的大小。

❹添加面板：主要展示加入的视频或者音频素材，双击空白处即可添加视频，上传十分便捷。

❺信息面板：展示制作中的视频详细信息，每多加一个步骤，信息面板的视频信息就会变化，让用户清晰了解自己的剪辑流程。

> **专家提醒**
>
> 爱剪辑和快剪辑有很多相似之处，界面简洁、操作简单，适用于新手。但与快剪辑不同的是，爱剪辑的功能更加细分，而且提供的素材更加全面。不过快剪辑的一站式设计看起来更加富有逻辑性，两款软件各有千秋。

5.2.3 会声会影：全程把握视频制作

会声会影是一款专为个人及家庭等非专业用户设计的视频编辑软件，现在已升级到2018版，新版本的会声会影功能更全面，设计更具人性化，操作也更简单方便。

会声会影2018编辑器提供了完善的编辑功能，用户利用它可以全面控制影片的制作过程，还可以为采集的视频添加各种素材、转场、覆叠及滤镜效果等。使用会声会影编辑器的图形化界面，可以清晰而快速地完成各种影片的编辑工作。

会声会影2018工作界面主要包括菜单栏、步骤面板、预览窗口、导览面板、选项面板、各类素材库以及时间轴面板等，如图5-8所示。

图5-8　会声会影2018工作界面

❶菜单栏：包括"文件""编辑""工具""设置""帮助"5个菜单，主要提供视频编辑的主要功能，并解决用户的疑问。如新建普通项目文件、为视频自定义变形或运动效果、分离音频、制作不同的视频格式等。

❷步骤面板：主要是显示操作步骤的界面，帮助梳理编辑进度。

❸预览窗口：可以显示当前的项目、素材、视频滤镜、效果或标题等，也就是说，对视频进行的各种设置基本都可以在此显示出来，而且有些视频内容需要在此进行编辑。

❹素材库：其中显示了所有视频、图像与音频素材，添加的素材都可以在此界面显示出来并应用。

❺导览面板：主要用于控制预览窗口中显示的内容，运用该面板可以浏览所选的素材，进行精确的编辑或修整操作。预览窗口下方的导览面板上有一排播放控制按钮和功能按钮，用于预览和编辑项目中使用的素材。

❻选项面板：包含了控件、按钮和其他信息，可用于自定义所选素材的设置，该面板中的内容将根据步骤面板的不同而有所不同。在编辑视频时，可进行音量、音频特效、视频速度、场景分割等方面的调整。

❼时间轴面板：主要是用来查看视频的时长，并在其中关注总体进度。

5.2.4 PPT：它其实也可以剪辑短视频

PPT在一般人的心目中都被定义为幻灯片演示的工具，无非是用来总结报告、做图表、教书育人的，但随着技术的不断进步，如今用PPT也可以制作简易的短视频了，笔者要介绍的就是如何通过WPS软件制作出短视频的步骤。

步骤 01 进入WPS软件，新建一个演示文稿，插入相应的素材，❶接着单击"插入"按钮，❷单击"音频"按钮，❸在弹出的下拉菜单中选择"嵌入背景音乐"选项，如图5-9所示。

图5-9 插入素材的PPT

步骤02 执行上述操作后，会弹出如图5-10所示的页面，❶选择已经下载好的背景音乐，❷单击"打开"按钮。

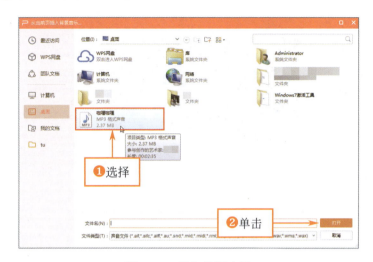

图5-10 嵌入背景音乐

步骤03 执行上述操作后，文档页面就会出现如图5-11所示的喇叭图标，意味着背景音乐插入成功。

图5-11 背景音乐嵌入成功

步骤04 ❶单击页面上方的"动画"按钮，进入到动画效果的设置步骤；执行操作后，会出现如图5-12所示的多种选项，❷单击"切换效果"按钮；之后页面的右方会弹出多种动画效果和效果的时间设置，❸单击相应的效果，如"盒状收缩"；❹单击"应用于所有幻灯片"按钮即可。

图 5-12 动画切换效果设置操作

> **专家提醒**
>
> 如果想要变换切换的动画效果,也可以分别设置每一张的幻灯片效果,不过这样耗费的时间要稍微长一点,当然,效果也会更好。

步骤 05 至此,对于素材的加工就结束了,❶只要单击"云服务"按钮,❷在"云服务"面板中单击"输出为视频"按钮,即可完成短视频的制作了,如图 5-13 所示。

图 5-13 输出为视频

> 第5章 后期：用匠心为你的短视频增光添色

专家提醒

使用PPT快速制作短视频是一种比较便捷的方式，因为它的操作步骤非常简单，这是优点，但不足之处是特效样式少，无法达到非常高的质量水平。但如果时间紧，要求又不高的话，可以考虑这种上手快、批量制作的途径。

5.2.5　Premiere：对非线性编辑有一手

Premiere Pro CC 2018是由Adobe公司开发的一款非线性视频编辑软件，是目前影视编辑领域内应用最为广泛的视频编辑处理软件。该软件专业性强，操作更简便，可以对声音、图像、动画、视频、文件等多种素材进行处理和加工，从而得到令人满意的影视文件。

Premiere Pro CC 2018的工作界面主要包括效果控件、节目面板、项目面板以及时间轴面板，如图5-14所示。

图5-14　Premiere Pro CC 2018工作界面

❶效果控件：用户可以通过此面板控制对象的运动、透明度、切换效果以及改变特效的参数等。

❷节目面板：用户可以自由选择观看编辑时间线上的内容，比如选中某个时间段，面板就会展示不同的画面内容。

❸项目面板：由四个部分构成，最上面的一部分为素材预览区；在预览区下方的为查找区；位于最中间的是素材目录栏；最下面是工具栏，也就是菜单命令的快捷按钮，单击这些按钮可以方便地实现一些常用操作。

❹时间轴面板：是进行视频编辑的重要区域，主要分为"视频"轨道和"音频"轨道两大部分，其中"视频"轨道用于放置视频图像素材，"音频"轨道则可以用于放置音频素材。

> **专家提醒**
>
> 在 Premiere Pro CC 2018 中，"效果"面板中包括"预设""Lumetri 预设""音频效果""音频过渡""视频效果"和"视频过渡"选项。
>
> 在"效果"面板中各种选项以效果类型分组的方式存放视频、音频的特效和转场。通过对素材应用视频特效，可以调整素材的色调、明度等效果，应用音频效果可以调整素材音频的音量和均衡等效果。由此可以看出，这款后期软件是比较专业的。

5.3 工具：短视频的细节打磨辅助器

在打造高质量的短视频过程中，是不是仅仅借助后期软件的力量就够了呢？视频的封面图、图文排版、GIF 图截取，这些又该如何做到极致和出众呢？这个时候，我们就必须要看到辅助工具的作用，虽然表面上它们看起来与短视频的后期制作并没有什么关系，但实际上，少了它们，是无法制作出美观大方、惹人瞩目的短视频的。

因此，本节笔者将带领大家走进短视频后期制作的辅助工具，让大家进一步了解哪些辅助工具是打磨短视频的细节时所必需的，同时也帮助大家认识更多好玩好用的软件和应用。

5.3.1 PS：酷炫封面的首要生产者

Photoshop，全称是 Adobe Photoshop，简称"PS"，是我们常听到的较为专业的 P 图软件之一。网络上利用 PS 处理过的图片比比皆是，而这款软件可应用的范围也比较广泛，比如人像和场景的图片处理、建筑效果图的设计、网页图像的制作、平面设计等。

那么，Photoshop究竟具备哪些强大的功能呢？这些功能又对短视频的制作有何益处呢？先来看看它的工作界面如何，提供了哪些功能，如图5-15所示。

❶菜单栏：菜单栏位于整个窗口的顶端，由"文件""编辑""图像""图层""文字""选择""滤镜""3D""视图""窗口"和"帮助"11个菜单命令组成，单击任意一个菜单项都会弹出其包含的命令。Photoshop CC 2018中的绝大部分功能都可以利用菜单栏中的命令来实现。菜单栏的右侧还显示了控制文件窗口显示大小的最小化、窗口最大化（还原窗口）、关闭窗口等几个快捷按钮。

图5-15 Adobe Photoshop的工作界面

❷工具属性栏：主要用于对所选择工具的属性进行设置，它提供了控制工具属性的选项，其显示的内容会根据所选工具的不同而发生变化。在工具箱中选择相应的工具后，工具属性栏将随之显示该工具可使用的功能。

❸工具箱：位于工作界面的左侧，共有50多个工具，要使用工具箱中的工具，只要单击相应工具按钮即可在图像编辑窗口中使用。若在工具按钮的右下角有一个小三角形，表示该工具按钮还有其他工具，在工具按钮上单击鼠标左键，即可弹出所隐藏的工具选项。

❹图像编辑窗口：当打开一个文档时，工作区中将显示该文档的图像窗口，图像窗口是编辑的主要工作区域，图形的绘制或图像的编辑都在此区域中进行。在图像编辑窗口中可以实现Photoshop中的功能，也可以对图像窗口进行多种操作，如改变窗口大小和位置等。

❺状态栏：状态栏位于图像编辑窗口的底部，主要用于显示当前所编辑图像的显示参数值及当前文档图像的相关信息。主要由显示比例、文件信息和提示信息3部分组成。

❻浮动控制面板：主要用于对当前图像的颜色、图层、样式及相关的操作进行设置。面板位于工作界面的右侧，用户可以进行分离、移动和组合等操作。

那么，对于短视频的制作，Photoshop又有什么作用呢？实际上，我们在网络上看到的很多短视频封面，都是经过PS处理的。这样做主要是为了吸引受众的眼光和注意力。

试想如果两个短视频摆在你面前，一个封面图创意满满、美观大方，一个不加修饰、十分随意，你会选点击哪一个呢？显而易见，经过精心处理和打磨的作品会受到人们的喜爱和追捧，而这就少不了Photoshop的支持。

因此，在短视频的后期制作过程中，Photoshop作为必不可少的辅助工具之一，能够发挥意想不到的显著效果。很多人在制作短视频的时候，把全身心都投入到内容的制作中去，这确实值得肯定，但值得注意的是，在细节方面，比如封面图的效果、音效等也是需要精心打磨的。

总而言之，利用短视频进行营销和变现是一个有机整体，是一个连续的过程，如果把这些细节隔断、分离，那么也是很难达到理想的效果的。

5.3.2 秀米：可爱的人都喜欢用它

秀米是一款专门应用于微信公众号的图文排版网页工具，功能强大，操作简单，官网首页的设计也是满满的清新可爱风，给人眼前一亮的感觉。关于秀米的使用教程在网页上也有详细的介绍，而且还是特地为新手提供的指南，有利于自主学习，特别要注意的是编辑时要使用谷歌浏览器。

那么，图文排版的工具和短视频又有什么关联呢？我们平时在玩微信的时候，或多或少都会订阅几个微信公众号查看自己感兴趣的资讯内容，不论是图片、文字，还是语音、视频，往往都是排列得整齐有序，或是错落有致，总之是经过精心的设计的，目的是为了给受众提供赏心悦目的体验。实际上，想要打造出让人赞赏的内容是离不开硬件设备的支持的，图文排版工具就是针对需求而产生的。

图5-16所示为微信公众号"一条"里的图片、文字以及短视频的排版，不仅美观大方，而且充分展现了想要表达的主题，是比较成功的典型案例。

专家提醒

"一条"的图文内容排版基本是按照标题、短视频、图片、文字的顺序来的，而且图片与视频之间的间距较宽，给人舒适的视觉体验，文章的标题加粗以引起受众对文字的注意，正文部分的行间距、字间距也把握得比较恰当，不松不紧。

> 第5章 后期：用匠心为你的短视频增光添色

图5-16 "一条"微信公众号排版

那么，要如何借用秀米图文排版来对发布的内容进行编辑呢？笔者在这里主要介绍秀米的工作界面，给大家在实践操作的时候提供相关的参考，如图5-17所示。

图5-17 秀米图文排版的工作界面

❶素材库：主要是用来选择模板和图片素材的，方便快速排版，不用自己做样式，而且会直接看到素材的具体形象。

❷工具栏：帮助完成图文排版，主要包括"打开图文""预览""保存""复制到微信公众号"以及"更多操作"等5大部分，"更多操作"里包含"导入Word或微信图文""收集图片""生成长图"等多种功能。

❸编辑窗口：是对图文进行排版编辑的主要区域，可添加模板后进行编辑，而且支持快速粘贴文字到此处，直接排版。

秀米图文排版的使用方法十分简单，新手只要按照引导进行操作即可轻松学会，可以说是辅助工具中的贴心小助手了。

5.3.3 抓图精灵：捕捉精彩的瞬间

红蜻蜓抓图精灵是一款专业水准的屏幕捕捉软件，一直致力于让用户更加便捷地捕捉屏幕截图，而且它是完全免费的。它针对屏幕捕捉的功能比较全面，而且软件中还附带了比较详细的操作步骤，很容易上手，不足之处是在软件的用户体验中心有广告出现，看起来有些视觉影响。

屏幕捕捉功能一般适用于实际操作的步骤录制，特别是电脑软件方面的技术知识的教授，与屏幕捕捉软件是紧密相连的。如何了解和使用一款功能强大、操作简单的屏幕捕捉软件，是录制实操性的短视频必备的技能。

以红蜻蜓抓图精灵为例，它包含了多种屏幕的捕捉方式，比如整个屏幕、活动窗口、选定区域、固定区域、选定控件、选定菜单等，同时，它的输出方式也很多样，有文件、剪贴板、画图、打印机等。图5-18所示为红蜻蜓抓图精灵的工作界面。

图5-18 红蜻蜓抓图精灵的工作界面

❶菜单栏：菜单栏位于软件名称下方，整个窗口的上端，由"文件""输入""输出""选项"和"帮助"5个菜单命令组成，单击任意一个菜单项都会弹出其包含的命令，红蜻蜓抓图精灵中的绝大部分功能都可以利用菜单栏中的命令来实现。菜单栏的右侧还显示了控制文件窗口显示大小的最小化、窗口最大化（还原窗口）、关闭窗口等几个快捷按钮。

❷捕捉方式：位于界面的左侧方向，竖行排列，包含了全部的屏幕捕捉方式，清晰简洁。

❸工具栏：位于窗口的底端，主要用于选择不同的项目，比如"工具""历史""常规""热键""存储""打印"以及"高级"等，用户可根据自己的需求在此栏目中进行选择，以达到捕捉屏幕的目的。

❹工具预览面板：主要用于展示选择的工具属性，其显示的内容会根据所选工具的不同而发生变化。在工具栏中选择相应的工具后，工具属性栏将随之显示该工具可使用的功能。

专家提醒

红蜻蜓抓图精灵是一款相当实用的屏幕捕捉软件，一方面它的界面设计简洁大方，另一方面它的操作步骤一目了然，是值得用户信赖的良心软件，也是帮助短视频制作更为顺畅的得力助手。

5.3.4 GifCam：GIF动画的制造者

GifCam是一款集录制和剪辑为一体的屏幕GIF动画制作工具，我们平时在逛微博或者论坛的时候，可以看到很多用户的头像或者签名都是由GIF动画制作的，趣味性十足，而且能有效吸引他人的注意。

除此之外，不少微信公众号也开始在发布的内容中加入GIF表情包增添乐趣，而且还会与短视频形成对照。图5-19所示为日食记的微信公众号发布的美食制作过程，既有短视频，又有图文和GIF动画，相映成趣，讲解起来更加生动。

专家提醒

GifCam软件提供的就是简洁的制作和加工动图的功能，随着新媒体平台的不断迅速发展，GIF图已经逐渐成为与图文、短视频并肩的内容形式之一，它的重要性也在日益凸显，为人们所重视。

图5-19 日食记的微信公众号内容

GifCam软件的工作界面一目了然，美中不足的是操作提示以英文为主，理解起来可能有些困难，但这不妨碍软件功能的发挥。图5-20所示为它的工作界面展示。

图5-20 GifCam的工作界面

❶工具栏：主要包含了界面的移动、大小调节、最大化、最小化以及关闭软件等功能，它是隐藏在图标中的，只有点击软件图标才能显示出来。

❷编辑窗口：呈透明状，大小随着软件窗口的变化而变化，是进行动图制作、加工的主要界面。

❸选择项目：提供多种功能，比如打开文件、编辑文件大小、保存文件等。

5.3.5　PhotoZoom：画质的保护神器

PhotoZoom是一款极具创新力、技术先进的图片无损放大工具。一般的工具在放大图片时，往往会降低图片的画质，导致视觉效果差强人意，但这款软件专门针对这一痛点设计，采用优化算法，尽可能地提升需要放大的图片的质量，是比较专业好用的图片放大软件。要注意的是，PhotoZoom操作也很简单，工作界面十分简洁，如图5-21所示。

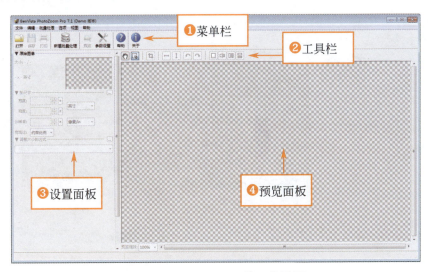

图5-21　PhotoZoom的工作界面

❶菜单栏：菜单栏位于软件名称下方，由"文件""编辑""批量处理""选项"和"视图"5个菜单命令组成，单击任意一个菜单项都会弹出其包含的命令，软件中的绝大部分功能都可以利用菜单栏中的命令来实现。菜单栏的右上角还显示了控制文件窗口显示大小的最小化、窗口最大化（还原窗口）、关闭窗口等几个快捷按钮。

❷工具栏：主要是用于调整图片查看模式和对图片进行裁剪的工具按钮，包含裁剪、选中、旋转、横排查看图片、竖排查看图片等功能。

❸设置面板：用于设置图片的分辨率、新尺寸（如长、宽、高），而且还可以对图片的锐度、自然度、颗粒度等进行调节。

❹预览面板：是编辑图片的主要工作区域，可在此对图片进行放大和调整。

> **专家提醒**
>
> PhotoZoom软件不仅可以无损放大图片,还可以批量处理图片,意思就是可以快速地对图片进行放大,并不损害图片的质量。一方面保证了放大图片的品质,另一方面有效提高了工作效率,一举两得。

使用PhotoZoom软件的过程很简单,新手易学。笔者在这里为大家介绍一下无损放大图片的步骤。

步骤01 进入PhotoZoom软件,单击"打开"按钮,进入相应页面选择和添加想要放大的图片,然后选中的图片素材就会在预览面板展示出来,如图5-22所示。

图5-22 预览面板的图片素材(1)

> **专家提醒**
>
> 在添加想要放大的图片时,要注意图片本身如果很大,再对其进行放大的话,刚导入的图片就会造成预览面板被填满,这个时候可以点击预览面板左下方的"预览缩放"图标,选择小一点的比例来查看全图效果。

步骤02 接着就要对图片的尺寸进行修改,主要包括长度、宽度、高度以及分辨率。运营者根据要求适当调整好图片的尺寸后,可以看到尺寸下方还有"调整大小的方式"这一功能,单击旁边的▶图标,如图5-23所示。

第5章 后期：用匠心为你的短视频增光添色

图5-23 预览面板的图片素材（2）

专家提醒

在设置放大的图片新尺寸时，可能不会一次就成功，因此在设置参数的时候，可以多多尝试。特别值得注意的是，在设置分辨率参数的时候，图片会放大很大，因为精细度较高，不要被无限放大的图片吓倒，设置成功后图片会自动还原。

步骤03 执行操作后，会显示出一系列的调节指标，如图5-24所示，比如"锐化""胶片颗粒""减少不自然感""清脆度"以及"鲜艳度"等。运营者可以根据预览效果进行调节，然后查看效果并保存即可。

图5-24 "调整大小的方式"参数设置

专家提醒

对放大图片的其他指标进行调节的好处在于修饰美化图片，比如有的图片可能在放大之后变得有些不自然，这时就可以对"减少不自然感"参数进行恰当的修改；有的图片可能放大了之后有些过于温和，这时就可以通过调整"锐化"参数进行完善。

使用PhotoZoom软件无损放大图片的好处在于不会使图片失真，保持原有的清晰度，甚至让本来的图片上升一个档次。作为短视频制作的辅助工具，它可以在制作短视频的封面图的时候发挥一己之力，比如遇到一些很有创意的图片，但没有找到合适的尺寸，或者图片不符合封面图的要求，这些时候都可以用到PhotoZoom。

虽然PhotoZoom看起来毫不起眼，但在整个的短视频制作流程中，你就会发现，很多时候，我们需要的工具往往是我们之前想都没有想过的，但实际上，我们可能需要更多的工具帮助我们完成精细的打造工作。

第6章
内容引流：如何让短视频粉丝破百万

 学前提示

内容为王，对运营者来说并不只是一句口号，而是需要在具体的平台运营过程中贯彻实施的。关于发展正热的短视频，其运营同样离不开内容的支持。

本章将从引流出发，介绍一些打造爆款内容的方法，同时对平台的内容推广和抖音引流进行重点阐述。

 要点展示

➢ 爆款内容：7大方面赢得更多用户青睐
➢ 推广技巧：9个技巧推动平台短视频传播
➢ 抖音引流：8大技巧助你快速成为达人

6.1 爆款内容：7大方面赢得更多用户青睐

短视频内容作为一种更直观、更真实的内容形式，在感染力方面明显是比文字要更胜一筹的。而要想让短视频发挥出更大的推广效果，就需要在短视频内容的主题上下功夫，打造出受众欢迎、让用户点赞的爆款内容。

6.1.1 饱含正能量

人们总是会被各种情感所感动，特别是那些能激励人们奋发向上的正能量，更是激起受众感动情绪的重要原因之一。

例如，勇于救人、善于助人的英雄事迹，对于有着"大侠梦"、心存仁义和匡扶正义的受众来说，就是一个激发人感动情绪的事实所在；历尽辛苦的成功的创业之路，对于处于低潮期和彷徨期的年轻人来说，更是激发人奋起的指明灯……如此种种，都可作为爆款短视频内容，点燃受众心中的信念之火，从而坚定、从容地走好后面的人生路。

如图6-1所示为两个关于国家建设和发展的抖音短视频案例。作为一个生活在祖国阳光下的人，看到这样的视频，是不是感觉特别骄傲和自豪呢？心中油然而生的激动情绪是这类爆款短视频推广效果的缩影。

图6-1 两个关于国家建设和发展的抖音短视频案例

> 第6章 内容引流：如何让短视频粉丝破百万

如图6-2所示为两个关于描述充满正能量的人的抖音短视频案例。在这两个短视频中，他们都是普通的职业——环卫工人和人民教师，但是表现出了满满的正能量，无论是环卫工人在雨天用自己的自行车挡住路中缺失的井盖以防发生意外，还是人民教师放学后免费为学生补课，其行为都是善与美的，同时配上振奋人心的音乐，触动人的感动之弦，不由得内心澎湃翻腾起来。图中的视频在爆款内容的基础上，又加上其中的正能量展现，都轻松地获得了高达几十万的点赞。

图6-2 两个关于描述充满正能量的人的抖音短视频案例

对受众来说，短视频平台更多的是作为一个打发无聊、闲暇时光的所在，吸引了众多人关注。而运营者可以针对平台上的人数众多的用户群体，多发布一些能激励人心、感动你我的短视频内容，从而让无聊变"有聊"，让闲暇时光也充实起来。这也是符合短视频平台的内容的正确发展之路的。

6.1.2 具有高颜值

关于"颜值"的话题，从古至今，有众多与之相关的成语，如沉鱼落雁、闭月羞花、倾国倾城等，除了表示其漂亮外，还附加了一些漂亮所引发的效果在内。可见，颜值高，还是有着一定影响力的，有时甚至会起决定作用。

这一现象同样适用于爆款短视频打造。当然，这里的颜值并不仅仅是指人，它还包括好看的事物、美景等。

从人的方面来说，除了先天条件外，想要提升颜值，有必要在自己所展现出来的形象和妆容上下功夫：让自己看起来显得精神，有神采，而不是一副颓废的样子，这样也是能明显提升颜值的；先化一个精致的妆容后再进行拍摄，更是轻松提升颜值的便捷方法。

从事物、美景等方面来说，是完全可以通过其本身的美再加上高深的摄影技术来实现的，如精妙的画面布局、构图和特效等，就可以打造一个高推荐量、高播放量的短视频。如图6-3所示为高颜值的美食、美景短视频内容。

图6-3 高颜值的美食、美景短视频内容展示

6.1.3 内容是干货

区别于上面介绍的6种纯粹为了欣赏和观看的爆款内容，此处要介绍的包含干货内容的爆款短视频是一种可以为用户提供有用、有价值的知识和技巧的短视频。

随着短视频行业的快速发展和行业的调整，在笔者看来，其他类型的短视频在受用户欢迎的程度上可能会发生大的变化，但是对用户来说具有必要性的干货类短视频内容是不会随之湮灭的，还有可能越来越受重视，且极有可能通过日益积累的结构化的内容输出，慢慢地把自身账号打造成大的短视频IP。

其实，相对于纯粹用于欣赏的短视频而言，干货类短视频有着更宽广的传播渠道。一般来说，凡是欣赏类的短视频可以推广和传播的途径，也可以用于干货类短视频推广和传播，但是有些干货类短视频可以推广和传播的途径，却不适用于欣赏类短视频推广和传播。例如，专门用于解决问题的问答平台，一般就只适用于发表和上传有价值的干货类短视频，欣赏类短视频没有太多发展的余地。

一般来说，干货类短视频包括两种，换句话说，也就是干货类短视频的内容具有的特征，即知识性和实用性。

所谓"知识性"，就是短视频内容主要是介绍一些有价值的知识。例如，关于汽车、茶叶等某一行业方面的专业知识，这对于想要详细了解某一行业的用户来说是非常有用的。如图6-4所示为专门介绍和讲解汽车知识的短视频案例。

图6-4 专门介绍和讲解汽车知识的短视频案例

专家提醒

另外，一些介绍历史、文学常识的短视频，对人们来说既是有价值的干货内容，同时又具有一定的欣赏性。

所谓"实用性"，着重在"用"，也就是说用户看了短视频内容后可以把它们用在实际的生活和工作中。一般说来，实用性的短视频内容是介绍一些技巧类的实用功能的。仍然以上面曾提及的茶叶为例，如果说介绍茶叶类别的是知识性的干货类短视频，那么告诉大家一些炒茶、沏茶和清理茶具的方法和技巧就是实用性的干货类短视频，如图6-5所示。

图6-5 干货类短视频案例

6.1.4 萦绕温馨的爱

在日常生活中，人们总是会对能让人产生归属感、安全感以及产生爱与信任的事物所感动。例如，一道能让人想起爸妈的家常菜，一份萦绕在两人中间的温馨的爱，一个习以为常却体现细心与贴心的举动等。这些都是能让人心生温暖的正面情绪，当然，它们也是最能触动人类心中柔软之处的感情，且是一份能持久影响人内心的感情。

而短视频作为一种常见的、日益发展起来的内容形式，反映了人们的生活和精神状态。其中，上面描述的一些感动人的感情和场景都是短视频中比较常见的内容，也是打造爆款内容不可缺少的元素。图6-6所示为能让人心生温暖和产生爱的抖音短视频案例。

图6-6中的两个视频都是阐述"友情"这一主题的。友情是一个亘古不变的主题，其所涉及的对象是所有人。基于这一社会情感基础，视频中都是二三闺蜜携手散步的画面——几十年的闺蜜情，并没有随着时间的消逝而消失，即使白发苍苍了，也相互陪伴和扶持。

图6-6　能让人心生温暖和产生爱的短视频案例

6.1.5 主体萌态十足

在互联网和移动互联网中，"萌"作为一个特定形象，奠定了其在用户中的重要的审美地位，同时也得到了很多用户的喜欢，无论男女老少群体，都有它的忠实粉丝。更不要说在短视频这一碎片化的视频内容中，瞬间的"萌态"和具有"萌态"的事物是能一秒吸睛的，"唯萌不破"说的就是如此了。

特别是在抖音平台上，以"萌"制胜的视频内容类型不可谓不多。总的说来，包括三种，如图6-7所示。

以"萌"制胜的视频内容

- 可爱的萌娃萌妹，是众多妈妈发布视频时所要展示的骄傲，他们随便的一个语音、一个动作、一个笑颜，都能柔软众多用户的心
- 毛茸茸的猫猫狗狗等小动物，也是众多用户喜爱的，它们能在很大程度上保证获得高流量，特别是在选取的卖萌场景和角度足够好的情况下
- 各种各样的展现萌态的玩偶，也是众多年轻女性和小孩喜欢的，然后再配以生动、形象的内容说明和故事，更能吸引人关注和购买

图6-7 常见的以"萌"制胜的视频内容类型介绍

如图6-8所示为"抖音短视频"APP上的以"萌"制胜的三个短视频案例。在短视频中，不管是萌娃，还是小动物，抑或是玩偶，都尽情展现出了他（它）们的可爱和萌态。

图6-8 "抖音短视频"APP上的以"萌"制胜的短视频案例

其实，除了"抖音短视频"APP外，其他短视频平台也有众多运营者选择以"萌"制胜。另外，在平台方面，还出现了一些专门以萌为特色的应用，如Faceu激萌、萌拍MoeCam和萌颜（相机）等，如图6-9所示。

图6-9 专门以萌为特色的应用举例

专家提醒

深受大家喜欢的萌宠，是抖音短视频平台上不可缺少的角色。如果运营者要在这个方向上发展，可以参考现有的萌宠播主来进行运营。关于"抖音短视频"APP上的萌宠播主，其内容一般具有四个特点，如图6-10所示。

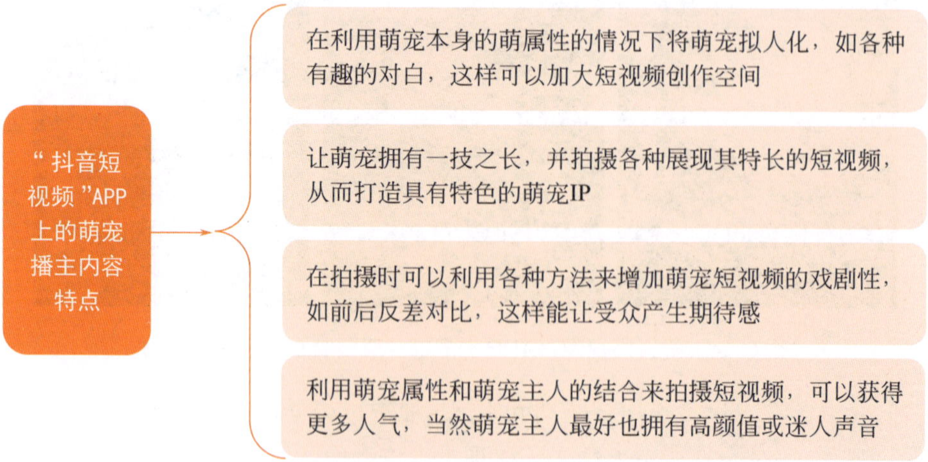

"抖音短视频"APP上的萌宠播主内容特点：

- 在利用萌宠本身的萌属性的情况下将萌宠拟人化，如各种有趣的对白，这样可以加大短视频创作空间
- 让萌宠拥有一技之长，并拍摄各种展现其特长的短视频，从而打造具有特色的萌宠IP
- 在拍摄时可以利用各种方法来增加萌宠短视频的戏剧性，如前后反差对比，这样能让受众产生期待感
- 利用萌宠属性和萌宠主人的结合来拍摄短视频，可以获得更多人气，当然萌宠主人最好也拥有高颜值或迷人声音

图6-10 "抖音短视频"APP上的萌宠播主内容特点

6.1.6 拥有高超技艺

对运营者来说，如果你拍摄的短视频内容是专注于某一类事物，且视频中展现的内容体现了主人公和其他人（物）非凡的技艺，那么，这一类短视频也是非常吸引人的，如图6-11所示。

图6-11　拥有高超技艺的短视频案例

图6-11中的两个短视频案例，都是展现主人公超凡的刀法——前者利用西瓜雕刻的有着复杂的结构的物体，后者利用一段萝卜来切成长长的、薄薄的条状物。二者都是操作者在工作和生活中经过长期训练才能做到的，体现了内容的专业性和技艺的精深。当然，这类爆款短视频并不是所有人都能打造出来的，只适合在某一领域有优势和特长的运营者，如图6-11中的钻研雕刻的人和厨师，就包含在内。

6.1.7　包含搞笑情节

在短视频平台上，人们在无聊和闲暇时间喜欢观看的短视频除了上述几类外，还有一种就是利用搞笑、恶搞来打造爆款内容的短视频。且这一类短视频内容在各平台上还是比较受用户欢迎的，如图6-12所示。

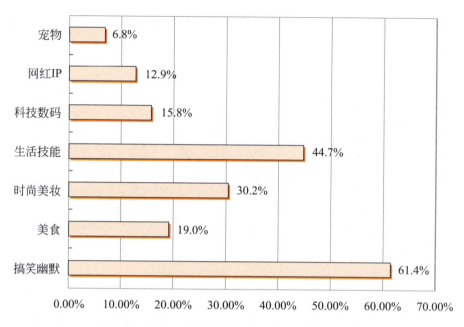

图6-12 搞笑、恶搞类短视频内容比较受用户欢迎

专家提醒

搞笑、恶搞类短视频内容受欢迎的程度，除了表现在用户喜欢观看外，还表现在两个方面：一是不同性别、不同年龄的用户也喜欢制作该类短视频；二是不同性别、不同年龄的用户也乐于分享该类短视频。

所以用户在打造爆款短视频时，可以从搞笑、恶搞的角度着手，运用各种创意技巧和方法对一些比较经典的内容和场景进行视频"编辑"和"加工"，也可以对生活中一些常见的场景和片段进行恶搞的拍摄和编辑，从而打造出完全不同的、能给人娱乐和使人发笑的短视频内容。

像这样的短视频内容，在各大平台上都比较常见，也有众多专门以制作搞笑、恶搞类视频的运营账号，如抖音短视频平台上的"搞笑日常""搞笑视频""搞笑工场"和"搞笑King"等。

图6-13所示为"搞笑视频"就是一个专门做搞笑段子的抖音号。该抖音号的短视频内容都是以搞笑的文字片段为主，还包含短视频不可少的"动画+配音"。

> 第6章 内容引流：如何让短视频粉丝破百万

图6-13 专门做搞笑段子的"搞笑视频"抖音号

6.2 推广技巧：9个技巧推动平台短视频传播

在制作短视频时，除了在主题方面要有特色外，还应该注意从一些细节和大家喜欢的内容形式出发来打造爆款内容，进而推动平台短视频传播。本节就从9个方面出发，介绍促进短视频内容推广的技巧。

6.2.1 贴近生活——满足用户需要

运营者和用户都是处于一定社会环境下的人，一般都会对生活有着莫名的亲近和深刻的感悟。因此，在制作短视频内容时，首先要注意贴近生活，这样才能接地气，引起用户关注。

具体说来，贴近人们的真实生活，有利于帮助人们解决平时遇到的一些问题，或者可以让人们了解生活中的一些常识。这一类短视频内容在平台上很常见。用户看到这一类短视频，都会基于生活的需要而忍不住点击播放。

图6-14所示为一个贴近生活的短视频案例。该短视频内容就是围绕如何正确吃螃蟹来说的，这对于爱吃螃蟹而不会吃的用户来说，会觉得是有价值的。且在推广时，在标题上就点明了该短视频内容的特点——简单易学，有利于加快推广。

图6-14　一个贴近生活的短视频案例

6.2.2　第一人称——提升信服感

在日常生活中，人们总是相信亲身实践、亲眼所见和亲耳所听的事情，即使它不是真正的事实，但更容易让人信服。

短视频内容虽然相较于软文、语音内容来说更具真实感，但如果利用能体现亲身实践、亲眼所见和亲耳所听的"第一人称"来进行叙述和说明，就更能增加真实感，也更能引导用户去关注。特别是在通过短视频内容来推广企业产品和品牌方面，会更有说服力。

其实，在短视频内容中使用"第一人称"来叙述，其目的就是打造一个有着鲜明个性化特征的角色，这也是让视频更具有现场感的关键步骤。关于短视频中的"第一人称"表达方式，具体分析如图6-15所示。

可见，运营者在使用"第一人称"表达方式来打造短视频内容不仅有利于构建人格化形象，还可以通过真人出演来提升信服感，特别是在有流量的明星、达人参与的情况下，其关注度将会更高，传播效果也会明显更好。因此，可以多多使用这一方法来推广短视频内容。

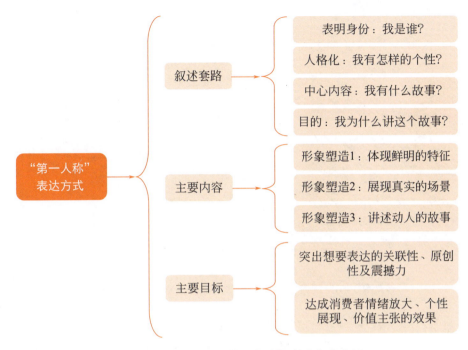

图6-15 短视频中"第一人称"表达方式分析

6.2.3 关注热门——自带流量

人们在观看短视频时,一般手指滑动的速度会比较快,在每一个视频页面上决定是否观看的时间很短。因此,运营者要做的就是在看到的一瞬间让用户决定留下来观看。而要做到这一点,借助热门内容的流量并激发用户共鸣就显得尤为重要。那么,运营者应该如何做呢?

在笔者看来,运营者应该从两个方面着手,一是寻找用户关注的热门内容,这也是运营者推广和传播短视频时必要的方法和策略。另一方面,运营者可以利用短视频APP上的一些能快速、有效获取流量的活动或话题,参与其中进行推广,这样也是能增加短视频内容的曝光度和展示量的。

关于推广短视频的热点的寻找,可以利用的平台和渠道还是很多的,且各个平台又可通过不同渠道来寻找。例如,在抖音平台上,就可通过以下4个渠道洞察用户喜欢的热点内容,如图6-16所示。

当然,在寻找热门内容之前,运营者应该有一个大体的方向,也就是要有一个衡量标准——哪些内容更有可能让用户喜欢关注和乐于传播,这样才能让自己制作出的短视频内容在激发用户共鸣方面产生作用,进而大火。那么,运营者在短视频内容方面应该把握好怎样的方向呢?

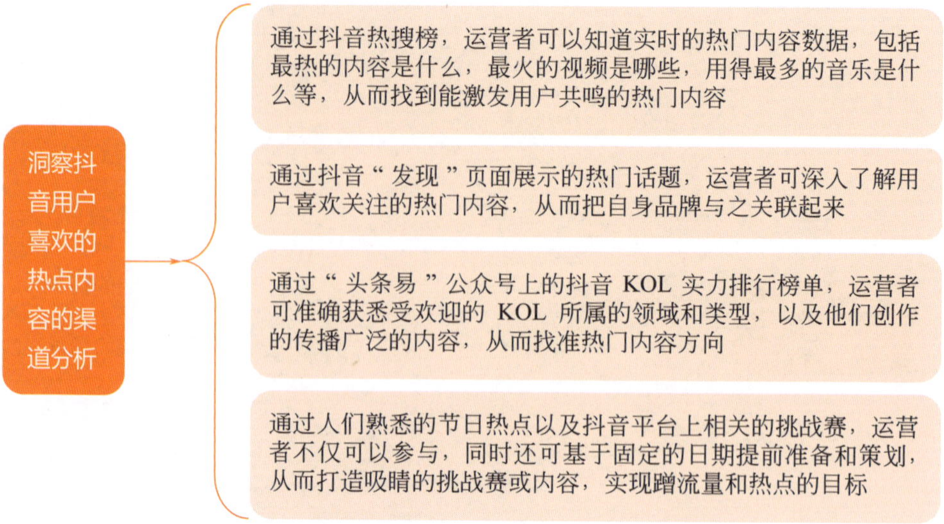

洞察抖音用户喜欢的热点内容的渠道分析：

- 通过抖音热搜榜，运营者可以知道实时的热门内容数据，包括最热的内容是什么，最火的视频是哪些，用得最多的音乐是什么等，从而找到能激发用户共鸣的热门内容
- 通过抖音"发现"页面展示的热门话题，运营者可深入了解用户喜欢关注的热门内容，从而把自身品牌与之关联起来
- 通过"头条易"公众号上的抖音 KOL 实力排行榜单，运营者可准确获悉受欢迎的 KOL 所属的领域和类型，以及他们创作的传播广泛的内容，从而找准热门内容方向
- 通过人们熟悉的节日热点以及抖音平台上相关的挑战赛，运营者不仅可以参与，同时还可基于固定的日期提前准备和策划，从而打造吸睛的挑战赛或内容，实现蹭流量和热点的目标

图 6-16　洞察抖音用户喜欢的热点内容的渠道分析

其实，用户感兴趣的内容可能有很多，且不同用户的兴趣点和情绪点也会不同，因而可选择的方向还是很多的。但是，要想安全无虞、快速地实现运营推广目标，在笔者看来，最好选择以下四类内容中的热门内容最合适，如图 6-17 所示。

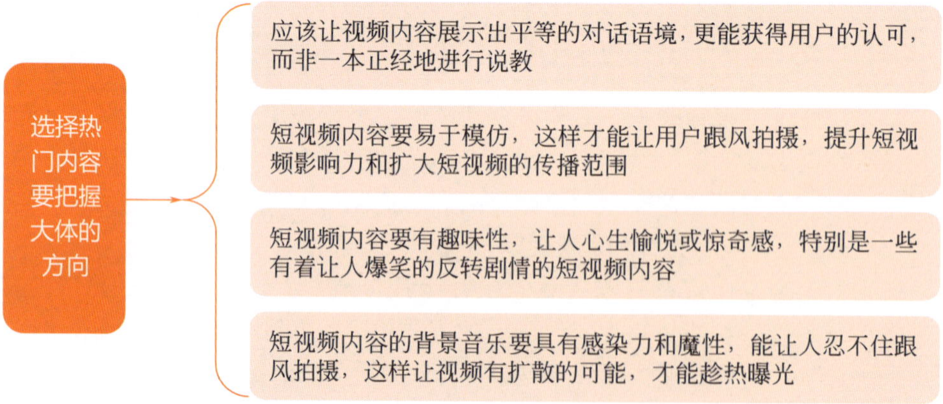

选择热门内容要把握大体的方向：

- 应该让视频内容展示出平等的对话语境，更能获得用户的认可，而非一本正经地进行说教
- 短视频内容要易于模仿，这样才能让用户跟风拍摄，提升短视频影响力和扩大短视频的传播范围
- 短视频内容要有趣味性，让人心生愉悦或惊奇感，特别是一些有着让人爆笑的反转剧情的短视频内容
- 短视频内容的背景音乐要具有感染力和魔性，能让人忍不住跟风拍摄，这样让视频有扩散的可能，才能趁热曝光

图 6-17　选择热门内容要把握大体的方向

6.2.4　讲述故事——用户更易接受

在打造优质的短视频时，要尽量向客户传达重点的信息，这里的重点不是营销人员认为的重点，而是客户的需求重点。那么，究竟哪些信息对客户而言是迫切需要了解的信息呢？笔者将其具体内容总结如图 6-18 所示。

> 第6章 内容引流：如何让短视频粉丝破百万

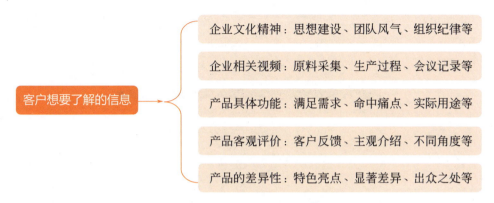

图6-18 客户想要了解的信息

在短视频中传递这些信息内容时，为了避免让客户产生抵抗和厌烦心理，可以采取讲故事的形式来进行展示。因为客户对营销类内容很难一下子接受，所以如果企业在打造短视频时能够充分掌握客户爱听故事的这种心理，就能更加轻松地传递出自己的特色信息。

不同于单调死板的介绍，讲故事的方式能够很好地吸引住客户的注意力，让他们产生情感共鸣，从而更加愿意接收短视频中的信息。而且，故事与企业、产品、客户都密切相关，也就更容易打造成故事的形式。

所以，企业想要打造出受人欢迎和追捧的短视频，就应该从各个角度考虑、分析如何更好地用讲故事的方式来表达，如图6-19所示。

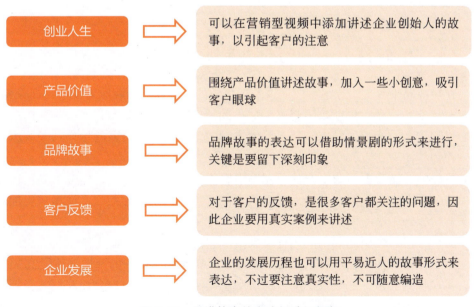

图6-19 用讲故事的方式打造短视频

以 TOMS 品牌为例，它进行短视频推广时就是通过讲故事的方式表达的，其中不仅带入了品牌成长的故事，也融入了产品的理念，二者合二为一，相得益彰，如图 6-20 所示。

图 6-20　TOMS 用讲故事的方式推广品牌

> **专家提醒**
>
> 每个事物都有故事，而人们也喜欢倾听故事，从小时候看童话和寓言故事到长大了看电视剧、电影，人们一直都在聆听、观看别人的故事。因为人总是喜欢与自身不同的故事，从而渴望从别人的故事中看到不一样的东西。因此，讲故事的方式容易抓住客户的痛点，使用得当会有意想不到的成效。

6.2.5　激起共鸣——用户热衷观看

在短视频平台上，除了可以通过贴近生活的内容和添加趣味来推广短视频外，还有一点非常重要，那就是唤起人们共同的情感。正因为如此，就有一些短视频内容是以青春、亲情、励志、感人等为主题的，目的是让更多的用户从短视频内容中得到精神享受。

另外，还能让更多的用户从短视频内容中找到自己的影子，体会到与自己相似的人生体验，带给观众关于人生各方面的思考，从而引起共鸣，让用户更加热衷于观看和分享短视频。

图 6-21 所示为引起共鸣的短视频案例。它的主人公是一个小技术员，突闻小学同桌去世的噩耗，毅然辞职，为了追逐曾经与他一起定下的梦想，骑行 2670 千米，从深圳到北京，去看天安门。通过观看其中的情节，用户会深深地感受到其中所蕴含的顽强的生命力和曾经的梦想，从而产生情感共鸣。

> 第6章 内容引流：如何让短视频粉丝破百万

图 6-21 引起共鸣的短视频案例

6.2.6 添加趣味——更招人喜欢

在推广短视频时，如果适当在短视频内容中添加一些趣味，也可吸引用户的注意力。因为单单保证视频的质量还不够，重要的是让客户在观看了短视频后主动分享给身边的人，这样才会达到更好的效果。

那么，在向短视频中添加趣味的时候，具体应该怎么做呢？无非就是添加趣味的情节、使用充满趣味的解说词以及创新表达方式，总之中心不要离开一个"趣"字，因为人们都喜欢接受充满快乐和心意的事物，因此有趣的短视频总是招人喜爱的。

图6-22所示为添加趣味的短视频案例。该短视频首先在标题上就设置了一个令人感兴趣的话题——会行走的冰淇淋，到底是怎样的呢？看到该标题，就能感受到其中充满趣味的内容和情节，从而引导用户点击播放。在情节安排和解说词方面，也是趣味满满，如"看看这里边一共有多少个""因为你买的是液体的嘛，当它冻好之后才是冰淇淋"等。

图 6-22 添加趣味的短视频案例

> **专家提醒**
>
> 值得注意的是，让用户觉得视频有趣不是一件容易的事情，因为不是每个人的兴趣点都是完全一致的。因此，在向短视频中添加趣味的时候要仔细琢磨，最好从各个方面综合考虑，有针对性地进行趣味的添加。

6.2.7 强震撼力——产生视觉冲击

短视频的优势很多，但其给人最为显著和直观的感受就是富有震撼力和冲击力。那么要从哪些方面去做才能让短视频更富张力呢？笔者将其方法总结如图6-23所示。

让短视频更富张力的方法：
- 制作优质的内容，保证质量
- 配备优秀的介绍，简短有力
- 突出自身的特色，要有差异化

图6-23 让短视频更富张力的方法

而且，短视频的这一点优势还可以从宣传整体、展示细节、直观全局以及细观局部等四大板块体现出来，企业在打造与产品相关的短视频内容时，要谨记从这四个方面去思考、去完善。

以主打家居产品的宜家为例，其推出的短视频就以大胆的创意、梦幻的色彩风格、简洁直观的讲解为主，给受众带来了极大的视觉冲击力和震撼力，并留下深刻印象，如图6-24所示。

图6-24 宜家温馨创意风格短视频《The wonderful everyday》

> **专家提醒**
>
> 短视频的这一优势不仅可以提升产品的销量，还能够帮助企业打响品牌，树立口碑，是不可多得的优势之一。企业要学会利用短视频进行推广，从而提升营销效果。

6.2.8 多样场景——呈现更形象

用户观看短视频，一般都是出于闲暇、娱乐的心理来观看的，而不会去观看表现生硬的品牌内容。如果想要让短视频内容的呈现更形象、具体，那么考虑把视频内容与用户的生活场景结合起来是值得借鉴的好方法。

那么，如何巧妙地把视频内容与用户的生活场景结合起来呢？具体来说，有多种方法可实现，下面介绍短视频中运用得比较多的一些方法，如图6-25所示。

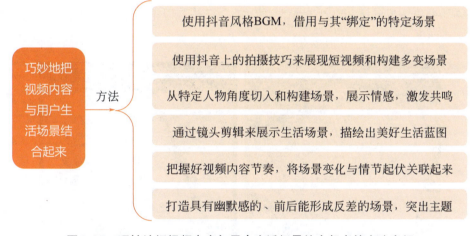

图6-25 巧妙地把视频内容与用户生活场景结合起来的方法介绍

6.2.9 黄金时间——提升转化率

所谓"黄金时间"，即短视频内容中视听率最高的时段，一般是短视频的开头几秒。这一概念在短视频类的广告中比较常用，大家熟悉的抖音平台上的短视频品牌广告也是如此。

运营者在推广短视频广告时，就需要注意对黄金时间的把握，从而最大程度提升品牌和短视频内容的推广效果。图6-26所示为把握好黄金时间的5大要点介绍。

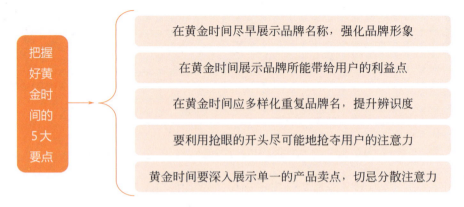

图6-26 把握好黄金时间的5大要点介绍

如今,很多品牌都入驻了抖音平台,它们就充分遵循黄金时间的短视频品牌广告推广技巧,制作转化率超高的传播内容。图6-27所示为小米手机的抖音短视频案例。图中的两个案例都是在黄金时间深入地把一个卖点传达给用户,如通过AI助手快速找回手机、手机拍照等,并在开头就以抢眼的内容吸引了受众的注意力。

图6-27 小米手机的抖音短视频案例

6.3 抖音引流：8大技巧助你快速成为达人

随着短视频的发展，越来越多的商家和品牌选择了短视频作为其宣传推广的重要渠道，同时加大在相关短视频平台上的投放力度，特别是抖音短视频，更是成为品牌推广引流的新战场。那么，如何才能提升在短视频平台上的推广效果呢？本节将为大家进行具体介绍。

6.3.1 热点话题，吸引关注

短视频如果想吸引庞大的流量，就应该有效地借助热点来打造话题，紧跟潮流，这样做的好处有两点，具体分析如图6-28所示。

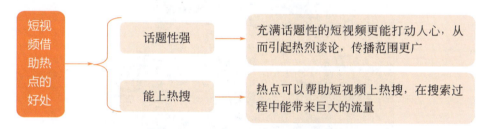

图6-28 短视频借助热点的好处介绍

而且，热点还包括不同的类型，涵盖了社会生活的方方面面，比如社会上发生的具有影响力的事件，或者是富有意义的节日、比赛等，还有一些娱乐新闻或者电影、电视剧的发布也是热点的一部分。

苹果iPhone X为打响品牌，推广产品而制作的短视频就是借助热点的典型案例。它紧扣"春节团聚"这一热点，利用拍摄工具iPhone X植入广告，介绍了一个过年期间值班的列车员母亲利用停站的3分钟与儿子团聚的短视频故事，如图6-29所示。

图6-29 苹果iPhoneX《三分钟》短视频的画面截图

6.3.2 流量明星,引人注目

明星在短视频运营中的作用是不容忽视的,粉丝和媒体的力量十分强大,能够让短视频内容变得更加引人注目。从短视频诞生之日起,明星就已经参与其中了。而在后来短视频的发展过程中,也有不少的明星推出了短视频内容。

比如阿迪达斯旗下的adidas neo为了宣传和推广品牌,加入了抖音,并推出其明星代言人的相关视频,迅速获取了100多万粉丝,赢得了众多用户点赞和互动。图6-30所示为adidas neo抖音号推出的视频截图。

图6-30　adidas neo抖音号推出的视频截图

6.3.3 创意植入,更好契合

在短视频运营中,创意是提升推广效果的关键。特别是在推广过程中,利用创意方式植入广告,能在很大程度上改变用户观感和广告契合度,如图6-31所示。

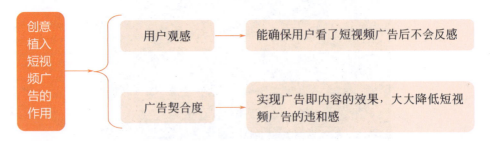

图6-31　创意植入短视频广告的作用

在广告创意方面，江小白算得上是玩得比较成功的。除了一些比较经典的广告文案外，它在短视频广告推广上也毫不逊色，如它的"江小白的酒馆，深夜食堂即视感"的短视频广告就是如此，如图6-32所示。

图6-32 江小白"江小白的酒馆，深夜食堂即视感"的短视频广告

在这一广告中，关于江小白这一品牌的广告植入还是非常有创意的——紧扣"打鸡血"，把江小白酒、番茄榨汁、柠檬汁、黑胡椒粉、食盐和辣椒酱混合，再添上柠檬片和芹菜，充分代表生活中的酸甜苦辣，最后声明主题"不要失望，生活总是不如想象"，实现了江小白这一品牌和产品的创意植入。

6.3.4 建立人设，形成风格

所谓"人设"，就是人物设定的简称，它是用来描述一个人物的基本状况的，一般分为角色设计和人物造型等。而从具体的内容来说，人设主要包括人物的性格、外貌特征和生活背景等。

一般来说，人设是一篇故事得以继续下去和合理展现的重要因素，如果人设不合理，那么所展现出来的内容必然也是违反常规和逻辑的。另外，人设如果设置得好，那么，在吸引读者注意方面会起到画龙点睛的作用。

因此，在进行短视频运营时，有必要通过建立品牌人设来进行推广引流。其原因就在于如果能打造别具特色的、专属的品牌人设，形成固定风格，那么在引导用户群体关注和提升忠诚度方面是非常有效的。图6-33所示为东鹏特饮塑造品牌人设的抖音短视频案例。

在图6-33中展示的两个案例，都有"阿鹏"这一角色存在，他就是这一品牌塑造的清晰且年轻化的人设。在"东鹏特饮"抖音号的短视频内容中，通过阿鹏和相关人物的精彩演出，拉近了东鹏特饮品牌与其目标用户之间的距离，最终达到了扩大传播范围和提升用户黏性的目的。

图6-33 东鹏特饮塑造品牌人设的抖音短视频案例

那么,在品牌推广引流中,应该如何通过人设来提升效果呢?具体说来,其运营逻辑包括3大流程,如图6-34所示。

了解品牌用户需求和进行账号定位,从而确定品牌的账号人设和运营主线

基于人设和运营主线打造优质短视频内容,并达到聚焦用户和提升用户忠诚度的目的

基于短视频运营过程中积累的优质内容及其影响,持续吸引目标用户,让短视频平台成为品牌运营的流量聚集地

图6-34 通过品牌人设来提升推广引流效果的流程介绍

6.3.5 发起挑战,提升认知

挑战赛是一种快速聚集流量的拍摄功能。在笔者看来,抖音挑战赛的发起和参与,作为一种独特的短视频营销模式,是极易于提升品牌认知度和获得消费者好感的方式。图6-35所示为抖音挑战赛的运营推广分析。

> 第6章 内容引流：如何让短视频粉丝破百万

图 6-35 抖音挑战赛的运营推广分析

在"抖音短视频"APP上，有着众多参与人数多、点赞量多的挑战赛，运营者可以选择主题、风格合适的挑战赛参与其中。

图 6-36 所示为蒙牛 ZUO 酸奶品牌发起的"#我才是好喝表情帝"挑战赛案例。"#我才是好喝表情帝"挑战赛迎合了年轻人喜好的、与这一挑战赛相关的视频有 15 亿次播放。对蒙牛 ZUO 酸奶这一品牌而言，不仅起到了传播品牌故事和宣传品牌价值的作用，还在某一程度上带动其他人玩起来，提升了他们对品牌的认知度和参与度。

图 6-36 蒙牛 ZUO 酸奶品牌发起的"#我才是好喝表情帝"挑战赛案例

专家提醒

在"抖音短视频"平台的挑战赛玩法中，运营者要注意两点，即坚持好玩内容和低门槛易模仿的结合。

6.3.6 创意贴纸,下载引流

利用短视频来进行品牌推广,有两个层次的目标:一是能减少用户对广告的反感情绪,前面介绍的植入创意广告和后文中即将介绍的找KOL合作就能达到这一目标;二是能实现双方互动,并促进短视频内容的二次传播,在更大范围内提升品牌好感度。

关于这两个层次目标的实现,"抖音短视频"平台的互动贴纸应用就是一个很好的方法。运营者可以在平台上发起挑战赛并定制创意贴纸,而用户可以在拍摄视频时选择贴纸下载,如果品牌和商家定制的创意贴纸吸引人,那么用户使用的频率就是比较大,从而促进品牌的传播。

就如大家熟悉的餐饮品牌必胜客,就曾在"抖音短视频"平台上策划了一个名为#DOU出黑,才够WOW#的主题活动用来宣传其新品——必胜客WOW烤肉黑比萨,并通过平台定制了多种含有必胜客元素的BGM、360°全景贴纸和系列面部贴纸等贴纸,如图6-37所示。

图6-37 必胜客WOW烤肉黑比萨宣传的定制创意贴纸的短视频案例

6.3.7 反转剧情,更感惊奇

在短视频的运营推广中要注意,剧情表达方式不同,其运营效果也会相应产生差异。特别是当一个短视频的剧情是平铺直叙地展开,另一个短视频的剧情却突然出现了反转,对受众来说,后一种剧情更能带给人惊奇感,也更能吸引人注意。

因此，运营者在安排短视频剧情时可从反转的角度出发进行设计，打破常规惯性思维，提供给受众一个完全想不到的结局，让受众由衷感叹剧情的曲折性和意外性。

图6-38所示为唯品会的短视频剧情反转广告。在该短视频中，利用背景音乐"确认过眼神，我遇见对的人"营造的氛围，在男主角认为女主角被自己吸引的时候，剧情突然反转——原来吸引女主角的是唯品会广告。

图6-38　唯品会的短视频剧情反转广告

不仅短视频广告可以安排反转的剧情，在平常的短视频运营中也可多多运用这种方法来打造优质视频。一些搞笑视频，是通过剧情反转来营造幽默氛围的，如图6-39所示。

图6-39　搞笑视频的剧情反转案例

6.3.8 KOL合作，提升影响

KOL，英文全称为Key Opinion Leader，即关键意见领袖，这一类人一般具有3个基本特点，如图6-40所示。

图6-40　KOL的基本特点介绍

正是因为图6-40所示的这三个特点，使得由KOL参与企业广告在推广方面效果显著。对运营者来说，在短视频广告中找KOL进行合作，存在三大明显优势，如图6-41所示。

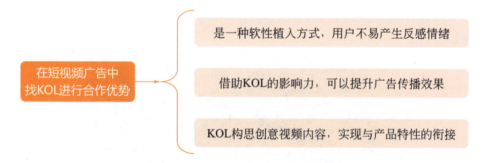

图6-41　在短视频广告中找KOL进行合作优势介绍

可见，找KOL进行合作是一种有效的推广方法，是有利于提升产品和品牌知名度和信任度的，最终成功促进产品的销售。如图6-21所示为轻奢品牌MICHAEL KORS与时尚领域KOL——@吴佳煜进行合作的案例。

除此之外，MICHAEL KORS还与其他一些有着极大表现力的抖音达人、时尚博主进行了合作，如@洁哥是女大神呐、@凌听雨和@HiyaSonya等。就是凭借这样的"短视频+KOL"内容营销的方式，让MICHAEL KORS的曝光度增加，同时也使得其在我国时尚年轻社群中的品牌影响力得到提升。

第6章 内容引流:如何让短视频粉丝破百万

图6-42 轻奢品牌MICHAEL KORS与时尚领域KOL——@吴佳煜进行合作的案例

第7章
平台引流：轻松获取更多高效精准粉

学前提示

　　除了内容，平台和渠道也是短视频引流成功的关键。而且从某一方面来说，"内容为王"中的"内容"必然也是通过一定的渠道来实现引流目标的。基于此，本章笔者将从4大方面16个平台出发，介绍如何实现令人惊叹的短视频引流效果。

要点展示

　　➢ 社交平台：多方推广轻松获取大批粉丝
　　➢ 资讯平台：助力短视频轻松获取百万粉丝
　　➢ 营销平台：短视频提升形象并吸引关注
　　➢ 线下场景：传播稳定收获大批精准用户

7.1 社交平台：多方推广轻松获取大批粉丝

社交平台作为短视频传播过程中必不可少的关键要素之一，一直是推动短视频行业发展和内容推广引流的重要平台。

在社交平台上，运营者进行短视频传播和推广时可选择的平台和渠道是多样化的，包含有着巨大用户基础的微信、QQ和微博等平台矩阵。本节就围绕如何在社交平台上进行短视频推广进行介绍，以便帮助运营者实现维护好友关系与利用短视频引流二者兼得的目标。

7.1.1 朋友圈——用户的黏性与互动性更强

朋友圈这一平台，对于短视频运营者来说，虽然一次传播的范围较小，但是从对接收者的影响程度来说，却具有其他一些平台无法比拟的优势，如图7-1所示。

```
利用朋友圈推广        用户黏性强，很多人每天都会去翻阅朋友圈
短视频的优势          朋友圈好友间的关联性、互动性强，可信度高
                     朋友圈用户多，覆盖面广，二次传播范围大
                     朋友圈内转发和分享方便，易于进行短视频内容传播
```

图7-1 利用朋友圈推广短视频的优势分析

那么，在朋友圈中进行短视频推广，运营者应该注意什么呢？在笔者看来，有三个方面是需要重点关注的，具体分析如下。

（1）运营者在拍摄视频时要注意开始拍摄时画面的美观性。因为推送到朋友圈的视频是不能自主设置封面的，它显示的就是开始拍摄时的画面。当然，运营者也可以通过视频剪辑的方式保证推送视频"封面"的美观度。

专家提醒

运营者如果想要让好友一眼就明白视频的主题，可以通过添加字幕的方式在视频开始播放位置进行设置。

（2）运营者在推广短视频时要做好文字描述。因为一般来说，呈现在朋友圈中的短视频，好友看到的第一眼就是其"封面"，没有太多信息能让受众了解该视频内容，因此，在短视频之前，要把重要的信息放上去，如图7-2所示。这样的设置，一来有助于大家了解短视频，二来设置得好，可以吸引大家点击播放。

（3）运营者推广短视频时要利用好朋友圈评论功能。朋友圈中的文本如果字数太多，是会被折叠起来的，为了完整展示信息，运营者可以将重要信息放在评论里进行展示，如图7-3所示。这样就会让浏览朋友圈的人看到推送的有效文本信息。这也是一种比较明智的推广短视频的方法。

图7-2　做好重要信息的文字表述　　　　图7-3　利用好朋友圈的评论功能

7.1.2　微信公众号——多样性内容构建品牌

微信公众号，从某一方面来说，就是个人、企业等主体进行信息发布并通过运营来提升知名度和品牌形象的平台。运营者如果要选择一个用户基数大的平台来推广短视频内容，且期待通过长期的内容积累构建自己的品牌，那么微信公众平台是一个理想的传播平台。

通过微信公众号来推广短视频，除了对品牌形象的构建有较大促进作用外，它还有一个非常重要的优势，那就是微信公众号推广内容的多样性。

在微信公众号上，运营者如果想要进行短视频的推广，可以采用多种方式来实现。然而，使用最多的有两种，即"标题+短视频"形式和"标题+文本+短视频"形式。图7-4所示为微信公众号推广短视频的案例。

然而不管采用哪一种形式，都必须清楚地说明短视频内容和主题思想。且在进行短视频推广时，也并不局限于某一个短视频的推广，如果运营者打造的是有着相同主题的短视频系列，还可以把视频组合在一篇文章中联合推广，这样更有助于受众了解短视频及其推广主题。

图7-4 微信公众号推广短视频案例

7.1.3 QQ——QQ群与QQ空间多途径引流

在QQ平台上进行短视频内容引流，是可通过多种途径来实现的，如QQ好友、QQ群和QQ空间等。本小节就以QQ群和QQ空间为例来进行具体介绍。

1.QQ群

在QQ群中，如果没有设置"消息免打扰"，群内任何人发布信息，群内其他人都会收到提示信息。因此，与朋友圈不同，通过QQ群推广短视频，可以让推广信息直达受众，受众关注和播放的可能性也就更大。

且QQ群内的用户都是基于一定目标、兴趣而聚集在一起的，因此，如果运营者推广的是专业类的视频内容，那么可以选择这一类平台。

另外，QQ群明显比微信群更易于添加和推广。目前，QQ群有许多热门分类，短视频运营者可以通过查找同类群的方式，加入进去，然后再进行短视频的推广。关于在QQ群内进行短视频推广的方法，如图7-5所示。

图7-5　QQ群推广短视频的方法

可见，利用QQ群话题来推广短视频，运营者可以通过相应人群感兴趣的话题来引导QQ群用户的注意力。如在摄影群里，可以首先提出一个摄影人士普遍感觉比较有难度的摄影场景，引导大家评论，然后运营者再适时分享一个能解决这一摄影问题的短视频。这样的话，对这一问题感兴趣的人一定不会错过。

2.QQ空间

QQ空间是短视频运营者可以充分利用起来的一个好地方。当然，运营者首先应该建立一个昵称与短视频运营账号相同的QQ号，这样才更有利于积攒人气，吸引更多人前来关注和观看。下面就为大家具体介绍7种常见的QQ空间推广短视频的方法，如图7-6所示。

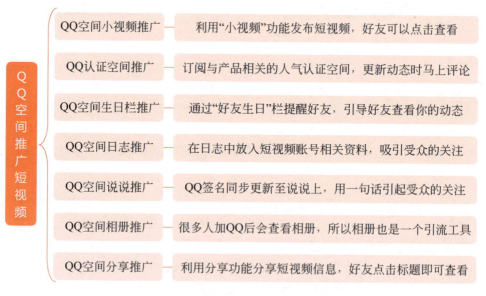

图7-6　7种常见的QQ空间推广短视频的方法

7.1.4 微博——善于利用"@"与热门话题

在微博平台上，运营者进行短视频推广，除了微博用户基数大外，主要还是依靠两大功能来实现其推广目标，即"@"功能和热门话题。

首先，在进行微博推广的过程中，"@"这个功能非常重要。在博文里可以"@"明星、媒体、企业，如果媒体或名人回复了你的内容，就能借助他们的粉丝扩大自身的影响力。若明星在博文下方评论，则会收到很多粉丝及其他微博用户关注，那么短视频定会被推广出去。

图7-7所示为"美拍"通过"@"某明星来推广短视频和产品以及吸引用户关注的案例。

其次，微博"热门话题"是一个制造热点信息的地方，也是聚集网民数量最多的地方。运营者要利用好这些话题，推广自己的短视频，发表自己的看法和感想，提高阅读量和浏览量。

图7-8所示为"萌吃货日记"的微博，它借助与内容相关的话题#美食大V秀#展开短视频推广。

图7-7 "美拍"微博的"@"功能应用

图7-8 "萌吃货日记"的微博借助话题推广

7.2 资讯平台：助力短视频轻松获取百万粉丝

在当前这个信息爆炸化、生活节奏加快化的时代，想要充分利用人们的碎片化时间进行信息的传递，利用资讯平台来推广短视频是一个比较理想的渠道。资讯平台上的短视频，依靠传播快速的特点，带动庞大的流量，从而使得推广效果更上层楼。

本节就以今日头条、一点资讯和百度百家为例介绍如何进行短视频的推广运营，从而最大化占据用户的碎片化时间，轻松获取百万粉丝。

7.2.1 今日头条——利用好平台的短视频矩阵

今日头条是用户最为广泛的新媒体运营平台之一，因其运营推广的效果不可忽视。所以，众多运营者都争着注册今日头条来推广运营自己的各类短视频内容。

大家都知道，抖音、西瓜视频和火山小视频这3个各有特色的短视频平台共同组成了今日头条的短视频矩阵，同时也汇聚了我国优质的短视频流量。正是基于这3个平台的发展状况，今日头条这一资讯平台也成为推广短视频的重要阵地。图7-9所示为今日头条的短视频矩阵介绍。

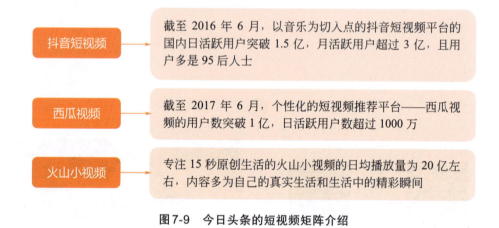

图7-9 今日头条的短视频矩阵介绍

在有着多个短视频入口的今日头条上推广短视频，运营者为了提升宣传推广效果，应该基于今日头条的特点掌握一定的技巧。

1. 从热点和关键词上提升推荐量

今日头条的推荐量是由智能推荐引擎机制决定的，一般含有热点的短视频会优先获得推荐，且热点时效性越高，推荐量越高，具有十分鲜明的个性化，而这种个性化推荐决定着短视频的位置和播放量。因此，运营者要寻找平台上的热点和关键词，提高短视频的推荐量，具体如图7-10所示。

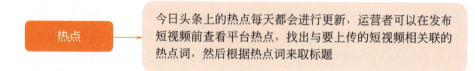

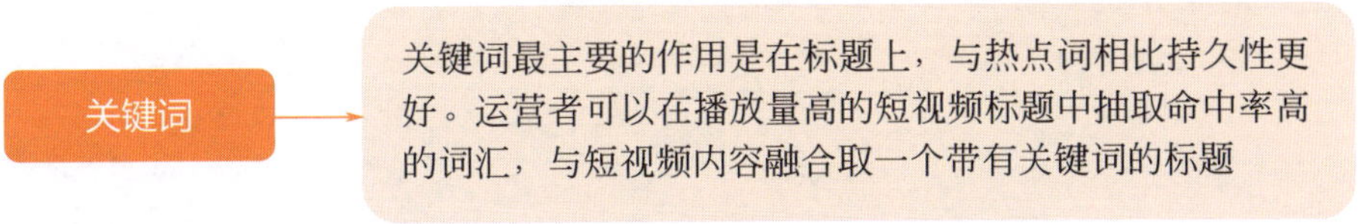

> 第7章 平台引流：轻松获取更多高效精准粉

关键词 → 关键词最主要的作用是在标题上，与热点词相比持久性更好。运营者可以在播放量高的短视频标题中抽取命中率高的词汇，与短视频内容融合取一个带有关键词的标题

图7-10 寻找热点和关键词提升短视频推荐量

2.做有品质的标题高手实现

上文已经多次提及了标题，可见，今日头条的标题是影响短视频推荐量和播放量最重要的一个因素。一个好的标题得到的引流效果是无可限量的。因为今日头条的用户中标题党居多，所以标题除了要抓人眼球，还要表现出十足的品质感，做一个有品质的取名高手。因此，运营者在依照平台的推广规范进行操作时，还要留心观察平台上播放量高的短视频标题。

3.严格把关视频内容提更快过审

今日头条的短视频发布由机器和人工两者共同把关。通过智能的引擎机制对内容进行关键词搜索审核，其次，平台编辑进行人工审核，确定短视频值得被推荐才会推荐审核。先是机器把文章推荐给可能感兴趣的用户，如果点击率高，会进一步扩大范围把短视频推荐给更多相似的用户。

另外，因为短视频内容的初次审核是由机器执行。因此，运营者在用热点或关键词取标题时，尽量不要用语意不明的网络语或非常规用语，增加机器理解障碍。

7.2.2 一点资讯——"小视频"新功能上线

相较于今日头条，一点资讯平台虽然没有那么多入口供短视频运营来进行推广，但是该平台上还是提供了上传和发表短视频的途径的。

进入"一点号"后台首页，❶单击页面上方"发布"右侧的▼按钮，在弹出的下拉菜单中选择"发小视频"选项；进入"小视频"页面，❷单击"视频上传"按钮，如图7-11所示；在弹出的"打开"对话框中选择合适格式的视频上传；上传完成后，即可跳转到视频编辑页面，❸进行相应设置；❹单击"发布"按钮，如图7-12所示，即可发表视频。

专家提醒

面对日渐火热的短视频市场，一点资讯也在2018年10月推出了"小视频"功能，其在文件格式上的要求与"视频"一样，但是运营者要注意，它只支持7～59秒的竖屏视频上传。

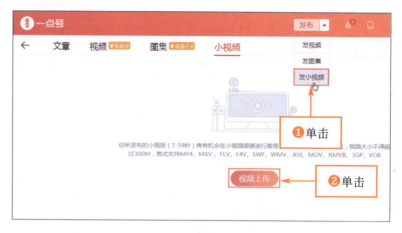

图 7-11 视频上传操作

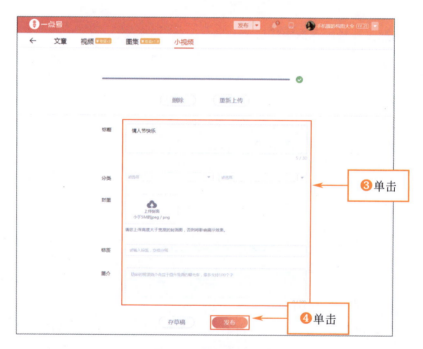

图 7-12 视频编辑页面

运营者发表短视频并审核通过后,会在一点资讯的"视频"页面中显示出来,从而让更多的人看到运营者发表的短视频。

当然,在发表时,要注意选准时间,最好是早上6:00～8:30之前、中午11:30～14:00和晚上17:30以后。因为一点资讯平台的"视频"页面是按更新时间来展示视频的,选择这些时间推广,更容易显示在页面上方。

7.2.3 百度百家——注意短视频推广的设置

百度百家作为百度旗下的自媒体平台，运营者只要注册了百家号，就可以在上面通过多种形式的内容进行推广，视频内容就是其中之一。图7-13所示为百家号的"发布视频"页面。

图7-13 百家号的"发布视频"页面

在利用百家号进行短视频的推广和引流时，除了一些常规性内容（标题、封面、分类、标签和视频简介等）要注意设置的技巧，运营者还有两个方面需要注意，下面进行具体介绍。

1."定时发布"功能

在百度百家平台上，运营者可以在编辑完内容后，通过单击"定时发布"按钮，在弹出的"定时发文"对话框中设置发布的时间来发布视频。图7-14所示为"定时发文"对话框。

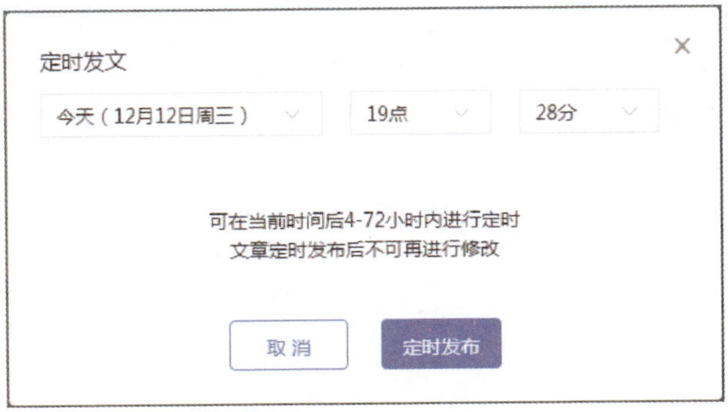

图7-14 "定时发文"对话框

基于这一功能，运营者可以在空闲时间上传并编辑好视频内容，然后针对目标用户群体属性，选择合适时间实现精准发布。这样可以大大提升视频的曝光度，促进短视频的推广。

2.热门活动

在百家号后台"首页"的公告区域下方，会经常显示各种热门活动，例如奖励丰厚的"百万年薪"和"千寻奖"，短视频创作者完全可以参与进去。如果获奖的话，不仅能增加收益，还能提升创作者的知名度，促进短视频的推广。

7.3 营销平台：短视频提升形象并吸引关注

在电商、外卖等重点在于营销的平台上，通过短视频内容，可以让用户更真实地感受产品和服务，因而很多商家和企业都选择了通过短视频或直播的形式来进行宣传推广。本节就以淘宝、京东和美团外卖为例介绍如何进行短视频的运营推广，以便运营者在宣传短视频的同时提升销量和品牌形象。

7.3.1 淘宝——"微淘"与商品"宝贝"页面

淘宝作为一个发展较早、用户众多的网购零售平台，每天至少都有几千万的固定访客。可见，在用户流量方面，是有着巨大优势的。而利用这一优势进行短视频的推广和产品、品牌宣传，其效果同样惊人。

在淘宝平台上，用户浏览短视频内容的入口也比较多，其中，最主要的有两个，即"微淘"和商品"宝贝"页面。而运营者也可通过这些入口进行短视频推广。下面进行具体介绍。

1."微淘"页面

运营者进入手机淘宝平台，点击"微淘"按钮，即可进入"微淘"页面，该页面上有很多分类，除了"关注""推荐""上新""晒单"，还有"美食""美妆""母婴""数码""园艺"等具体类别。这些领域的淘宝账号都或多或少地发布了短视频内容。运营者发布的与产品和品牌相关的短视频内容，完全可以通过这一渠道获得推广，让有着众多用户的淘宝平台上的更多用户关注到。另外，还有专门的"视频"页面。图7-15所示为"微淘"中"数码"和"美食"页面的短视频内容。

> 第7章 平台引流：轻松获取更多高效精准粉

图7-15 "微淘"中"数码"和"美食"页面的短视频内容

2.商品"宝贝"页面

一般来说，在淘宝平台选择某一商品，进入该商品的"宝贝"页面，在上方的宝贝展示中显示了两种内容形式，即"视频"和"图片"。

在这两种形式中，视频相对于图片来说，商品介绍明显更生动、具体，更容易让用户了解。特别是关于商品功能、用法等方面的内容，犹如面对面教学，一步步告诉你功能是什么和如何使用该商品。图7-16所示为一款羽绒服的"宝贝"页面的短视频内容。

图7-16 一款羽绒服的"宝贝"页面的短视频内容

专家提醒

在"宝贝"页面，有时候推广短视频内容的标签并不是如图7-16一样显示"视频"二字，而是直接展现了视频内容的"功能""外观"等字样。

173

与"微淘"页面的短视频内容一样，运营者可以把一些优质的介绍商品的短视频推广到"宝贝"页面上，供用户观看和了解商品。这不仅有利于短视频的推广，同时也是商家和企业进行营销时想要快速实现营销目标的必然选择。

7.3.2 京东——"发现""商品"与"京东视频"

京东是我国一家数一数二的电商平台，京东旗下拥有京东商城、京东金融、京东云等产品品牌。在传统电商领域，京东商城拥有很高的行业地位，在粉丝经济时代，京东为寻求更好的发展，推出了各种形式的运营策略和功能，利用短视频进行产品和品牌宣传就是其中之一。

与淘宝一样，京东平台上的短视频入口也有很多，当然，最主要的推广入口有3个，即"发现"页面的"视频""商品"页面和首页"京东视频"入口。下面笔者将进行具体介绍。

1."发现"页面的"视频"

运营者点击"发现"按钮进入相应页面，选择"视频"菜单切换到"视频"页面，在该页面上，就显示了商家上传的各种短视频内容，如图7-17所示。浏览这些商品内容，发现都是介绍产品或功能、特点或其他与产品相关的知识。可见，京东商家可以通过推广短视频来推动产品、品牌的营销。

图7-17 京东"发现"页面中的"视频"页面的短视频内容

2. "商品"页面

运营者搜索和查看某一商品,有时会发现在其"商品"页面,也显示了关于商品的图片和视频内容,其中,视频标志出现在下方中间位置,还显示了视频时长,如图7-18所示。

只要点击即可进行观看,且在视频播放页面,还有一个分享按钮,如图7-19所示,用于分享和推广短视频。运营者可以将上传到京东商城上的商品短视频内容分享给微信好友和分享到朋友圈、QQ好友、QQ空间、新浪微博等,另外,还可以通过复制链接的方式在其他平台上分享短视频内容,如图7-20所示。

图7-18 京东"商品"页面的短视频内容展示

图7-19 视频播放页面的"分享"按钮

图7-20 短视频可以分享到的平台

> **专家提醒**
>
> 在关于某一商品的视频内容中,京东与淘宝是存在区别的,如在视频播放页面,在淘宝平台上有"点赞"按钮,而京东是没有的,但有"分享"按钮;另外,就"分享"功能而言,淘宝分享的内容是该商品图片、链接等,而京东可直接分享短视频。

3. 首页"京东视频"入口

在京东平台上,除了与淘宝相似的"发现"页面的"视频"和"商品"页面的短视频内容外,它还有一个专门的入口,即首页的"京东视频"入口。在首页上向下滑动,即可找到"京东视频"区域,点击"更多"按钮,即可进入"京东视频"页面,如图7-21所示。

在该页面的"精选"页面上,可查看众多短视频内容。选择一个短视频进行点击,可进入相应页面观看。只要内容足够优质,商品性价比高,那么用户还是愿意点击"分享"来分享短视频内容的,从而达到推广引流的目标。图7-22所示为"京东视频"页面的短视频内容分享。

图7-21 进入"京东视频"页面　　　　图7-22 短视频内容分享

7.3.3 美团外卖——"商家"页面讲述品牌故事

在各种从事营销的平台上,不仅淘宝、京东等平台可以进行短视频推广,在外卖平台上同样有短视频的身影存在——主要存在于"品牌故事"页面,用于介绍品牌和产品。在此,以美团外卖为例,介绍该平台上的短视频推广。

例如"窑鸡王"餐饮品牌,就在其于美团外卖平台的某一店铺的"商家"页面进行短视频推广,点击"品牌故事"按钮进入相应页面,即可观看其短视频内容,如图7-23所示。

该短视频内容围绕产品的特点——"鲜香嫩滑"进行讲述,并充分利用视频的便利性随着视频中人物动作的展开,让读者能充分感受产品的这一特色。

> 第 7 章 平台引流：轻松获取更多高效精准粉

图 7-23 "窑鸡王"的"品牌故事"短视频内容展示

又如，大家熟悉的"松桂坊腊肉煲仔饭"餐饮品牌，同样通过短视频内容来进行宣传推广。在"品牌故事"页面，该餐饮品牌通过湘西古法腊肉的制作、菜品的炒制和其他辣味小吃的制作，比较全面而系统地介绍了该品牌所代表的品牌文化和产品，让用户有一个更深的了解，如图 7-24 所示。

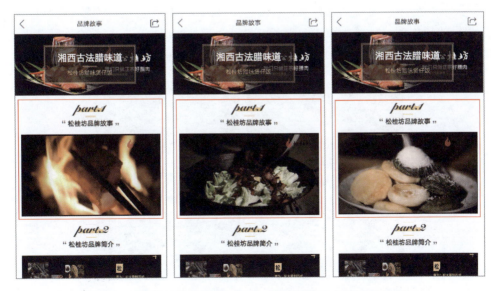

图 7-24 "松桂坊腊肉煲仔饭"的"品牌故事"短视频内容展示

177

7.4 线下场景：传播稳定收获大批精准用户

在短视频推广过程中，除了线上平台推广外，线下推广也是一个重要的途径。基于短视频的优势，不少户外广告都采用了短视频的形式，并且这种广告凭借着其稳定的传播范围和效率得到了企业和商家的青睐。本节就以线下场景为例，介绍短视频式的户外广告的运营推广和引流。

7.4.1 社区电梯——利用乘梯间歇实现引流

社区电梯是推广短视频的一个重要场景，当然也是一个颇具优势的推广方式。虽然这种短视频广告具有资源有限且费用较高的劣势，但是还是因为针对社区用户方面的优势而让一些企业和商家纷纷投入了其中。关于社区电梯广告的优势，具体分析如图7-25所示。

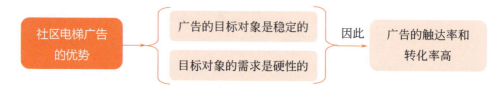

图7-25　社区电梯广告的优势分析

图7-26所示为短视频式的社区电梯广告案例。这两则广告时长都只有几秒，是明显的短视频，且其所推送的内容也是符合其社区用户的——无论是麻辣火锅还是新楼盘信息，都是社区用户需要的，因而在转化率方面会比较高。

图7-26　社区电梯广告案例

7.4.2 地铁——聚焦不同层次人群进行推广

在城市交通工具中,地铁无疑是比较受大家欢迎的——乘地铁成为节约时间和避免堵车的最佳交通方式之一。而在乘坐地铁的人群中,以上班族和商务人员居多,基于此,很多广告主都选择了地铁进行短视频推广。对广告主来说,利用地铁广告位进行短视频推广主要具有两个方面的优势,具体如图7-27所示。

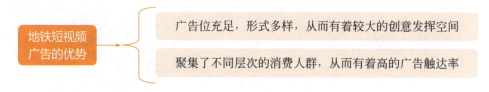

图 7-27 地铁短视频广告的优势

当然,在进行地铁短视频广告的运营推广时,运营者要注意区域化、精准化。一般来说,不同地区的地铁,其短视频广告内容应该具有差异性,如湖南湘窖酒厂的短视频广告,其选择的目的地就是长沙地铁,具有明显的区域性。

更重要的是,即使在同一个城市,每条地铁线由于其经过路线的不同,乘客也会有着很明显的属性差异,那么短视频广告也应该进行个性化、精准化投放。例如,一般通往火车站、机场的地铁线,很多乘客都不是当地人,或是来旅游,或是中转,运营者可以播放一些城市或周边的具有特色的景点、特产等,从而实现推广。

7.4.3 商圈——助力时尚和前沿品牌引流

城市商圈,聚集起来的一般是年轻、时尚和有个性的消费者,消费者属性非常明显,因而选择进行商圈短视频广告推广的广告主也很明确,一般是针对处于时尚或科技前沿的品牌,其类别如图7-28所示。

图 7-28 商圈短视频广告的品牌广告主类别举例

当然，无论是从商圈所处的地理优势和聚集的大流量，还是从广告主所处的发展路线来看，位于商圈内的短视频广告，价格一般都比较贵。当然，在短视频展现方面，也是物有所值的，一般都是通过商场内外的大屏广告屏来展示，能让更多的人注意到。

7.4.4 交通——必经途径的推广引流方式

除了地铁这一交通工具外，在交通方面，还有其他一些能进行短视频推广的渠道，包括公交、出租和大巴等交通工具和公路、高速等道路。然而无论是哪一种推广渠道，其目标消费群体一般都具有共同特征，因而在投放时可以基于其群体特征进行有针对性的投放。

图 7-29 所示为某路线公交车上的统一鲜橙多广告。它以产品原料和制作方面的优势作为兴趣点，引导人们关注短视频和产品，从而实现品牌推广的目标。

图 7-29　某路线公交车上的统一鲜橙多广告

7.4.5 公交候车亭——等车无聊时间引流

上一小节也说到了公交，其实，除了公交车之外，涉及公交的还有一处极佳的推广短视频的位置，那就是公交候车亭。

人们乘车的时候，总是会遇到需要等车的情况，有时甚至需要在公交候车亭停留半小时以上。在候车时，人们总是会感到无聊和尴尬，这时就需要一个关注点来满足人们的视觉需求。如果在公交候车亭播放短视频广告，那么，即使那个广告已看了很多次，为了无聊时打发时间人们一定还会去观看。

这样的短视频不仅能满足人们的视觉需求，让人们观看到有意思的画面和有趣的内容，还能进行短视频推广。且这一方式具有极大的推广优势，具体分析如图 7-30 所示。

图 7-30　公交候车亭短视频广告的优势

7.4.6　村镇视频——借势品牌渠道下沉引流

随着我国社会经济的逐渐发展，市场消费发生了很大的变化，具体表现在以下两个方面。
- 市场消费的地区重心从一二线城市开始向三四线城市倾斜；
- 主力消费人群从都市精英转变为都市精英与小镇青年并存。

基于这一情况，广告主也把目标瞄准了村镇，试图通过短视频、图片等来进行推广。特别是致力于成为中国企业品牌渠道下沉首选媒体的农广传媒，更是与很多品牌合作，在村镇超市、卫生所等场景中推出了更具特色的短视频品牌广告，如图7-31所示。

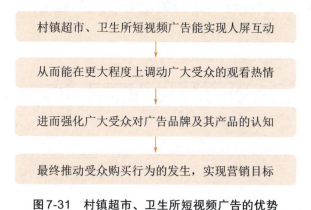

图7-31　村镇超市、卫生所短视频广告的优势

第8章
营销：有技巧何愁短视频不能火起来

学前提示

　　成功的短视频营销，不仅要有优质的短视频内容和高人气的推广平台，还需要有高效率的营销策略，这样才能使得短视频营销的效果实现最优化。本章将从营销流程、营销策略、营销新玩法、行业举例等几个角度来分析如何进行有效的短视频营销。

要点展示

- ➢ 流程：循序渐进抓住短视频红利
- ➢ 策略：运用技巧寻求最佳营销效果
- ➢ 玩透：短视频+，给你更多可能性
- ➢ 案例：抓住行业营销关键才能成功

8.1 流程：循序渐进抓住短视频红利

在短视频营销中，抖音这一个既受企业和商家青睐又受用户欢迎的短视频平台是不错的选择。那么，在抖音这一有着8亿用户支持的平台上，具体应该如何进行营销呢？笔者将分3个步骤介绍抓住抖音短视频营销红利的操作。

8.1.1 让抖音号快速成长起来

其实，对运营者来说，如果想要进行营销，首先就要积累粉丝，也就是大家所说的"养号"。在抖音平台上同样如此。关于抖音的养号，具体说来，主要包括以下几方面，如图8-1所示。

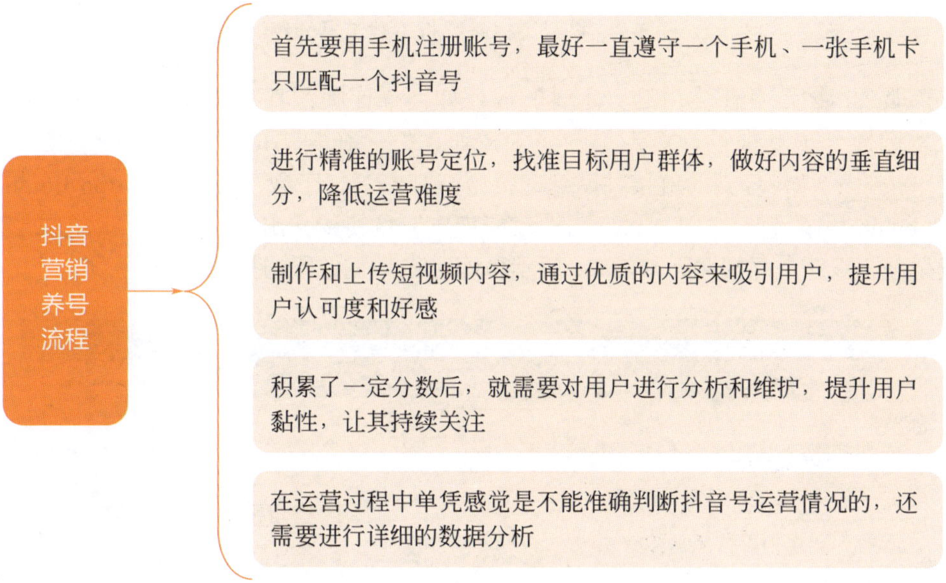

抖音营销养号流程：

- 首先要用手机注册账号，最好一直遵守一个手机、一张手机卡只匹配一个抖音号
- 进行精准的账号定位，找准目标用户群体，做好内容的垂直细分，降低运营难度
- 制作和上传短视频内容，通过优质的内容来吸引用户，提升用户认可度和好感
- 积累了一定分数后，就需要对用户进行分析和维护，提升用户黏性，让其持续关注
- 在运营过程中单凭感觉是不能准确判断抖音号运营情况的，还需要进行详细的数据分析

图8-1 抖音营销养号流程介绍

图8-1所示的抖音号养号流程中，短视频内容是至关重要的，可以说，没有内容的养号操作是白费工夫的。当然，养号过程中的短视频内容来源可以是多元化的，只要坚持账号定位这一基本方向即可。

因此，运营者不仅可以自己拍摄和制作短视频内容，从而打造出优质的原创内容，为抖音号建设提供养分，还可以做好内容搬运工作，分享其他平台和其他抖音号的好的短视频内容到自己的抖音号中，丰富平台内容，也能在一定程度上吸引用户关注，并助力抖音号的成长。

8.1.2 寻找多种工具助力运营

在进行抖音号的运营过程中，工具的使用很重要，特别是在短视频内容运营中，有很多工具需要用到，如视频剪辑、短视频解析下载、数据分析等。在此，笔者主要从"伪原创"内容的角度来进行介绍。

在"伪原创"内容的制作和编辑中，首先要下载不包含水印的短视频，这就需要用到抖音短视频解析下载工具。运营者运用这一个工具，可以做到两点，具体如图 8-2 所示。

图 8-2 抖音短视频解析下载工具介绍

那么，运营者在运用这一工具时应该如何操作呢？其实非常简单，在抖音平台上选择一个短视频，点击"分享"按钮，然后在弹出的窗格中点击"复制链接"按钮；❶将复制的链接粘贴到"抖音短视频解析下载"（网址为 http://douyin.iiilab.com/）的输入框中；❷单击"解析视频"按钮；弹出相应选项，❸单击"下载视频"按钮下载视频，如图 8-3 所示，即可得到无水印的抖音视频。

图 8-3 抖音短视频解析下载

从图 8-3 可以看到，该网站还提供了其他短视频平台的视频解析途径，如快手、火山、头条西瓜等。

接下来就要对解析出来的短视频内容进行编辑——修改短视频的MD5（Message-Digest Algorithm，消息摘要算法），这样才有可能获得系统推荐。在这一过程中，运营者可以使用的工具是"批量修改MD5"。经过"批量修改MD5"工具批量修改后的短视频，不会再被机器识别出来是搬运过来的"伪原创"内容。

8.1.3　不断发展打造短视频爆款

当运营者学会打造优质的"伪原创"内容或学会了如何打造个性化的原创内容时，接下来就是如何打造短视频营销爆款了。而要做到这一点，打造个人IP才是可持续的短视频营销之路。在个人IP成长之路上，内容的新奇性和实用性是关键。当然，运营者可以基于这两个关键点，不断升级短视频爆款玩法，提升品牌影响力。图8-4所示为打造爆款的抖音号案例介绍。

打造爆款的抖音号　举例：

- 优酷抖音官方账号在打造短视频内容时，除了保持持续更新短视频内容外，还注意打造各类"梗"和段子，如2018年世界杯期间的"灭霸的响指梗"就是其中一例。这样的短视频内容表现出来的跳脱画风，能让用户在充满好奇心的同时还能抱有期待感

- 支付宝官方抖音账号把自己塑造成了一个"优秀的自黑少年"——不仅擅长幽默自黑，更擅长"黑"身边的同事。这样的内容让用户感到有趣和惊奇，纷纷参与评论和互动，打造爆款也就成功了

- 成都商报的官方抖音号——"牙尖熊猫侠"则与优酷和支付宝不同，它选择接近生活、充满生活气息的接地气内容，这样能拉近与用户的距离，更显亲近

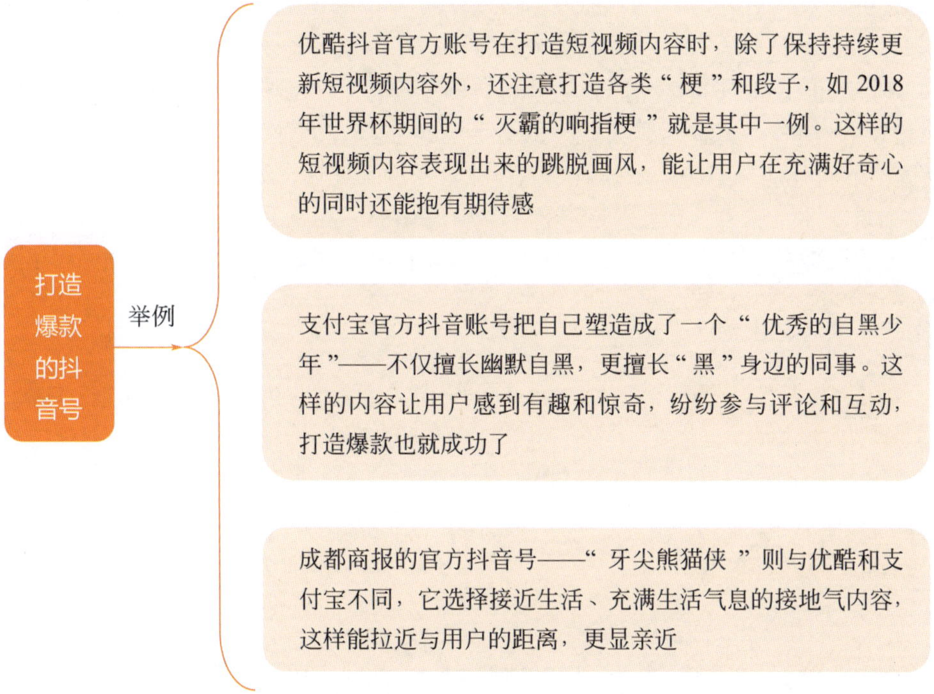

图8-4　打造爆款的抖音号案例介绍

图8-4所介绍的3个抖音号的爆款打造过程，各有各的特色和方向，可见，只要找准自身账号定位，选择一个颇有特色的垂直领域进行运营，并制作优质的或能带来惊奇感或能让人感到实用的内容，那么促成爆款也就胜利在望了。

8.2 策略：运用技巧寻求最佳营销效果

在进行营销时，运营者需要明确的是，如何让资源利用率最大化，从而实现效益的有效回收。有些企业和商家觉得只要拍好视频，然后随意推广出去，一切就胜利在望了，其实这是不现实的。

第一，推广出去有没有人关注，这是关键；第二，推广有没有针对目标人群，还是单纯只是广撒网，全然不顾资源有没有充分利用，这是痛点。企业如果没有考虑好这两个问题就开始通过短视频进行营销，那么一定不会达到理想效果。

本节将通过介绍五种典型的营销策略帮助实现短视频的盈利，并深入分析如何经营更容易获得丰厚利润。

8.2.1 5步营销，步步为营

利用短视频进行营销与运营，需要了解一个经典高效的运营模式，即"AISWS"模式。这种运营模式一共分为五个步骤，即注意、关注、搜索、观看、分享，下面分别介绍每个步骤对于短视频营销的重要性，如图8-5所示。

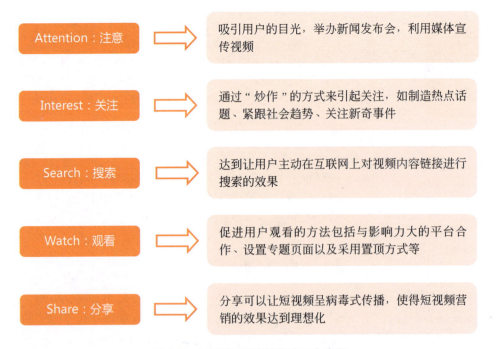

图8-5 AISWS运营模式的五个步骤

8.2.2 针对推广，高效营销

如何通过短视频实现高效营销呢？很简单，只要在制作好视频后进行针对性的推广，再结合受众的特点进行营销就可以达到理想效果。当然，在进行这两步操作之前，还需要对相关的因素进行考虑，笔者下面将为大家进行详细分析。

1.视频类别——不同类型分别推广

短视频的类别对于视频的推广效果而言是一个相当重要的影响因素，因为不同类别的视频产生的效果不同。如果想要使得推广方式的效果达到最佳，目标人群喜爱的程度更高，就应该根据用户的喜好来使用不同的视频类别来进行营销。

那么，不同的视频类别到底具有怎样的特点，适合宣传什么方面呢？笔者将举几个视频类别的例子以供参考，如图8-6所示。

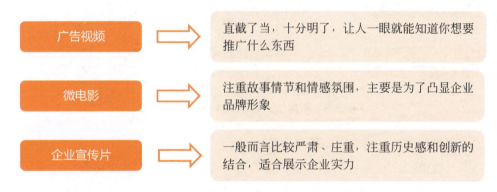

图8-6 不同视频类别适合宣传的类型

2.关注人群——根据共性有效宣传

在进行视频推广的时候，应该考虑不同的人喜欢浏览什么类型的网站。显而易见，我们不能随意地将视频放在不对口的平台上进行推广，这样做的成效不高。我们也不能为了图方便就在所有的平台上进行推广，这样是对资源的极度浪费。那么，究竟该怎么做呢？笔者将其流程总结如图8-7所示。

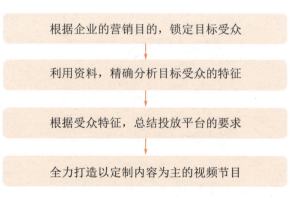

图8-7 根据目标受众的特征利用视频推广的流程

> **专家提醒**
>
> 在分析目标受众的特征的时候，可以从年龄、兴趣爱好、职业、地域、消费趋向、品牌认知度、工资收入等角度进行分析，同时也要注意影响视频传播的各种因素，以便实现高效营销。

3.推广目标——明确目的选择平台

企业在平台上投放视频的时候，最重要的就是明确自己的推广目标。要达到什么目的，就选择与之相符的平台。推广目标一般以打响品牌和提升品牌理解度为主，那么，这两个推广目标应该怎么选择平台呢？笔者将其方法总结如图8-8所示。

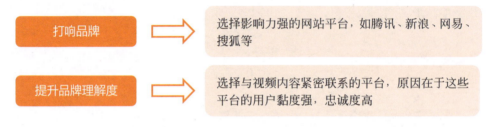

图8-8 不同推广目标选择平台的不同

4.平台价值——高端品质赢得保障

平台价值的高低是以平台本身的质量为基础的，质量在这里可分为"质"和"量"来看，对于平台而言，"质"代表平台的影响力、关注度、综合环境（广告、编辑、宣传等）、专一程度；"量"一般指浏览量、点击率、转发量、收入成本、退出率等。

一般来说，只要平台的质量有保障，这个平台也就具有了投放的价值和资格，因此，平台的价值也是企业在进行高效营销时需要考虑的因素之一。随着时代的进步和技术的发展，现在很多具有强大公信力的视频网站都已经掌握了针对推广、高效营销的技术，他们是怎么做的呢？具体方法流程如图8-9所示。

此外，还有一种简单明了的"四问法"，可以帮助企业进行视频的精准投放，也就是提四个问

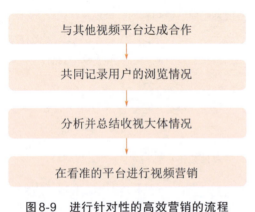

图8-9 进行针对性的高效营销的流程

题，比如"谁会来看""在哪里看""要看什么"以及"会看几次"，弄清楚这几个问题，也就能够进行短视频的精准投放了。

以微信为例，它投放广告的技术就十分高超、精准，因为在用户设置账户时，它就已掌握了用户的基本信息，如年龄、性别、地域等。然后它会根据用户的这些基本信息进行定位、分析，然后在朋友圈投放相关的视频广告。这种技术有效地利用了上面提到的"四问法"，同时还对这种方法进行了创新。图8-10所示为沃尔沃汽车投放在微信朋友圈的短视频广告。

图8-10　投放在微信朋友圈的短视频广告

8.2.3　整合营销，打通增益

在移动互联网时代，每个用户使用的移动平台都不同，根据自身的习惯和兴趣爱好，有的人喜欢用微博分享喜怒哀乐或者时事新闻、有的人喜欢用QQ聊天、有的人喜欢逛贴吧看帖子、有的人喜欢看视频，还有的人喜欢在豆瓣上写日记分享感受。

正是因为移动端的繁杂性和人们使用习惯及行为的不同，才导致单一的视频营销很难取得很好的效果。因此，企业必须和其他移动平台进行整合才能达到营销推广的目的。比如可以在企业的网站上开辟专区，大力吸引目标客户的关注；还可以跟主流的门户、视频网站合作，提升视频的影响力。

对于互联网与移动互联网的用户来说，线下活动和线下参与也是重要的一部分。因此，企业需要通过互联网与移动互联网上的短视频营销，整合线下的活动、线下的媒体等，进行品牌传播，使短视频的线上推广达到更加有效的效果。

以美拍为例，将热点功能与产品有机结合，进行了短视频与广告的整合营销。美拍联合了美图手机、旺仔O泡果奶、高德、士力架、炫迈等九大品牌发起了#广告也有戏#的活动，以话题的形式吸引了众多年轻用户的热烈参与和效仿，对品牌的传播起到了不可忽视的促进作用，同时还为品牌的宣传增添了创意和灵感。

图8-11所示为旺仔O泡果奶的"O泡也有戏"的短视频展示页面，用户们纷纷发挥自己的奇思妙想，提出了一个又一个崭新的创意。

短视频运营一本通：拍摄+后期+引流+变现

图 8-11 旺仔 O 泡果奶的"O 泡也有戏"

8.2.4 积极互动，吸引注意

短视频互动模式是一种比较常见的形式，其显著特点就是可以让用户与短视频中的内容展开互动。用户只需轻轻点击手机屏幕上的图标就能参与这种生动有趣的互动，而企业也可通过这种方式进行短视频营销，用新奇有趣的内容来吸引用户注意。

图 8-12 所示为一个抖音视频案例内容界面。在该页面上，从其右边的图标可以看到三个与用户进行互动的图标，即点赞、评论和转发。其中，当用户点赞后，呈白色显示的♡图标就会变成红色❤，如图 8-13 所示。

如果想要发表意见或者运营者想要查看用户发表的意见，点击💬评论图标即可。对评论中的部分有价值的内容，运营者还应该在右侧进行点赞并点击评论内容在弹出的窗格中进行回复。图 8-14 所示为抖音短视频内容的"评论"互动模式。

第8章 营销：有技巧何愁短视频不能火起来

图8-12 抖音视频案例内容界面

图8-13 互动模式之"点赞"

图8-14 抖音短视频内容的"评论"互动模式

当然，运营者还可以通过"转发"图标把自身发布的内容转发到其他平台上扩大推广范围，特别是朋友圈，从而积极与友好地就短视频进行互动。

8.2.5 效果监测，指导营销

在利用短视频进行营销的过程中，推广是很重要的组成部分，但对短视频营销效果的监测也不可忽视。下面笔者详细分析衡量短视频营销效果的因素。

1. 短视频播放量——大致判断营销效果

一般而言，在视频网站上观看视频都会显示一个播放多少次的具体数字，也就是固定周期内视频文件的播放次数，视频播放量的大小决定了视频影响力程度的高低，同时也就间接影响了视频营销效果的好坏。此外，还有不少影响视频播放量的因素，比如内容质量、投放时间、传播平台、播放频次等。

2. 用户观看反应——准确衡量营销质量

用户在观看视频时或观看完视频后对视频的反应，同样也是衡量视频营销效果的重要凭证，具体形式包括如图8-15所示的几种。

在分析视频评论时，需要关注两个重要因素：一是视频评论的数量；二是视频评论内容的指向。究竟是好评多，还是差评多。这两者都是衡量视频效果的重要指标，因在用户对视频做出的评价当中，既有表示赞赏和佩服的，也有表示对内容不满的。

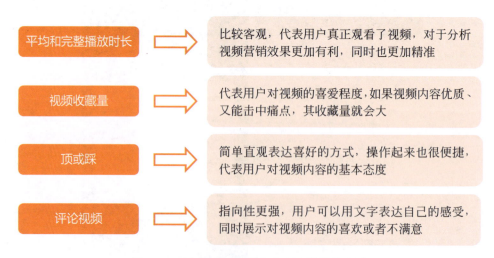

图8-15 用户对短视频产生反应的具体形式

3. 行动影响程度——后续测量营销结果

行动影响程度是指用户在观看视频后衍生出的一系列与视频相关的行为，那么，这些行动影响程度到底包括了哪些行为呢？笔者将其总结，如图8-16所示。

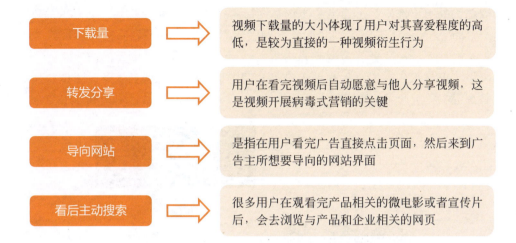

图8-16　行动影响程度包括的行为

同时值得注意的是，用户在看完视频后进行搜索的这种行为也受到一些要素的感染，比如品牌的影响力度加大、视频的内容足够优秀以及视频富有创意等。

4.视频拓展效果——深度权衡营销成果

对于视频效果而言，既包括在观看过程中产生的效果，也包括在观看完视频产生的拓展效果。这种拓展效果虽然出现得不是那么及时，但它对企业的品牌、口碑树立的作用是无可替代的，主要体现在品牌的认知度、品牌好感度、购买意向以及品牌的联想度等。

8.3 玩透：短视频+，给你更多可能性

短视频的营销不应局限于推广短视频本身，运营者还可以拓展更多的营销方式，有更多更有趣的短视频玩法等着我们一起发现和探寻。

随着时代的进步，技术的迅速发展，短视频的玩法也越来越多，越来越新颖，很多概念可能闻所未闻，但它们确实在发生，甚至已经呈稳健的势头向前发展。本节将主要介绍这些新颖的玩法。

8.3.1 短视频+电商：增加产品说服力

现在，淘宝和天猫都推出了新的营销形式，即在页面中插入关于商品介绍的短视频，让用户可以更直观地认识到商品的外观、用法与各种细节问题。很多在

淘宝购物的用户都担心过商品的实物和图片是否一样，毕竟图片是可以PS的。可是一旦商家将商品视频上传到网页，买家就无需担心这个问题了。

无论是哪一种商家，短视频确实可以给用户带来最直观的产品演示，这一点逐渐被大家认识到，所以现在关于产品介绍的视频也逐渐越来越多。图8-17所示就是淘宝中关于产品的短视频介绍。

图8-17　淘宝中关于产品的短视频介绍

"短视频+电商"的玩法是短视频和电商的双重胜利，一方面有力推广了短视频内容，另一方面为电商平台吸引了更多流量。显而易见，采用短视频展示商品的模式更加直观，更容易让消费者信服，因此，"短视频+电商"是一种很有前景的营销形式。

8.3.2　短视频+直播：开辟一条新思路

随着互联网科技和视频的不断向前发展，一种新型的视频方式逐渐走进人们的视野，即视频直播。作为争夺粉丝和流量的有效工具，直播不但拥有视频的直观性特征，而且互动性和即时性更强，能够有效打破时间和空间的阻碍。直播是目前较火爆的社交方式之一，同时也为企业的营销开拓了一条新的道路。

直播的优点数不胜数，不仅传统的视频网站开设了此项功能，还出现了专门的视频直播平台。从2012年起，视频直播就开始慢慢兴起，直到现在它还在以稳劲的势头发展着。目前，我国知名的直播平台有斗鱼直播、熊猫直播等，每个视

> 第8章 营销：有技巧何愁短视频不能火起来

频直播平台都有自己的特色，也凭借其强大的功能吸引了不少用户的关注和喜爱。

值得注意的是，不少直播平台在发展的过程中不断扩大自己的内容、范围，不仅仅局限于直播，同时也向泛娱乐的方向发展。图8-18所示为斗鱼直播的短视频页面。

图8-18　斗鱼直播的短视频页面

直播平台之所以会开辟短视频专区，是考虑到用户有时候可能会错过想看的直播内容，而且短视频更适合移动端的用户观看，碎片化的信息接收方式更受欢迎。

除了直播平台衍生的短视频板块，短视频平台也添加了直播的入口，这样做的目的是让流量实现最大限度地变现，同时也是为了丰富短视频平台的盈利方式。图8-19所示为美拍平台的直播页面。

图8-19　美拍平台的直播页面

"短视频+直播"的玩法是营销变现的必然选择,同时也为两者提供了更多的好处,即将短视频和直播的优势合二为一,达到双倍的营销效果。

8.3.3 短视频+跨界:整合各类优质资源

"短视频+跨界"的玩法是短视频平台兴起后较为新颖的玩法,优势是整合平台资源,实现线上线下的品牌推广和营销。

以短视频平台"美摄"为例,继2017年的北京时装周活动通过与美摄短视频平台合作举办"2017年北京时装周原创视频大赛"并取得巨大成功之后,2018年的北京时装周活动同样在美摄平台上通过短视频的方式进行表达,从而让北京时装周活动更接地气。图8-20所示为"美摄"APP上的2018年北京时装周账号及其发布的短视频内容。

图8-20 "美摄"APP上的2018年北京时装周短视频内容

这次活动中"美摄"与北京时装周合作,携手SHANG 1 BY SHANG YI品牌打造了"2018年北京时装周·美摄时尚专场",不仅进一步帮助"美摄"短视频平台打响了名气,还拉近了时装周、SHANG 1 BY SHANG YI品牌与大众的距离,有利于商品的转化,让更多人熟悉时装品牌。除此之外这次活动也在微博上进行宣传和推广。图8-21所示为微博上的相关活动页面。

第8章 营销：有技巧何愁短视频不能火起来

图 8-21 美摄APP的微博"云美摄"的"2018年北京时装周·美摄时尚专场"宣传

8.3.4 短视频 + H5：完美展示自身形象

"H5"即 HTML5，也指一切用 H5 语言制作而成的数字产品，通俗点说，就相当于移动端的 PPT，常用于微信中。

而"短视频+H5"的玩法也是"H5"本身的特质之一，由于短视频与图片、文字不同——它不能够随意造假，相对而言是一个比较真实的展示企业信息的媒介。因此如果"H5+短视频"营销能具备以下几个特征，就能够吸引顾客的目光，从而使其深入了解企业的内涵，对企业的方方面面有比较直接的了解，如图 8-22 所示。

图 8-22 H5 视频内容需要具备的特征

没有一个企业是不想向顾客充分展示自己的完美形象的，因此他们可通过"短视频+H5"的方式对产品、服务进行介绍。这样的效果更具说服力，能够使得顾客更加相信企业，从而有力地推动产品的销售。

197

视频互动主要是通过在H5页面中植入短视频,借此来实现在宣传产品的同时更好地与用户互动。例如,在宝马全新BMW M2即将上市时,宝马团队打造的一款全新H5作品,体现了全新的创意,当天传播量即达20000000次,如图8-23所示。

图8-23 宝马全新BMW M2的"短视频+H5"的宣传页面

创意上,炫酷的新车预售宣传,吸引眼球,突出产品亮点,曝光品牌。策划上,用H5+TVC视频的技术实现,其中H5负责交互+静态展现,TVC视频负责动态炫酷展现。

8.3.5 短视频+自媒体:名利双收一举多得

短视频自媒体一方面获得了关注和热点,另一方面又赢得了利益和金钱,可谓名利双收。短视频自媒体的发展,得益于其与生俱来的优势:一是相对于图文形式的内容而言,视频内容更加直观,也更富有生动性;二是因为视频内容的接地气,让观众更容易接受。

当然,因为短视频自媒体门槛的降低,内容的日渐生活化,各种为大众提供展示的平台也慢慢成长起来。短视频自媒体比较著名的当属以搞笑幽默为特色的Papi酱、以治愈温暖为主题的"日食记"以及专注于介绍电影的谷阿莫。图8-24所示为谷阿莫在微博上发布的短视频内容。

从互动情况来看,"日食记"的短视频赢得了不少用户的喜爱,引起了热烈的讨论，究竟是什么原因使得短视频自媒体这样火热呢？笔者将原因总结如图8-25所示。

图8-24 自媒体"日食记"发布的短视频

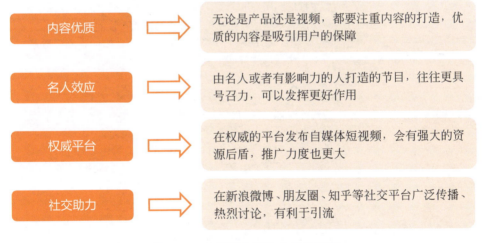

图8-25 短视频自媒体火热的原因

8.4 案例：抓住行业营销关键才能成功

上文介绍了利用短视频进行营销的多种玩法，帮助大家掌握运营者如何促进产品营销目标快速实现的技巧——一般来说，这些技巧是适用于所有行业的。而对各个行业来说，利用抖音短视频进行营销，又各有其营销的关键。只有掌握了上面介绍的技巧，再懂得各行业的营销关键，才能在各个领域的短视频营销中无往而不利。

在此，笔者就以餐饮行业、日常用品、文娱产品、旅游行业和汽车行业的短视频营销为例，进行具体介绍，相信能为这些领域的短视频运营人士和营销人员带来好的建议、推广成功的技巧。

8.4.1 餐饮行业：边吃边玩+网红等

随着移动互联网和新媒体的兴起，餐饮行业也不断提升其发展层次和扩大其发展渠道，如团购餐饮、网红餐饮等的出现，就很好地说明了这一点。那么，在短视频这一形、色兼备的内容形式大火的情况下，餐饮行业如何做才能营销成功呢？

在笔者看来，运营者应该从4个方面着手，具体分析如图8-26所示。

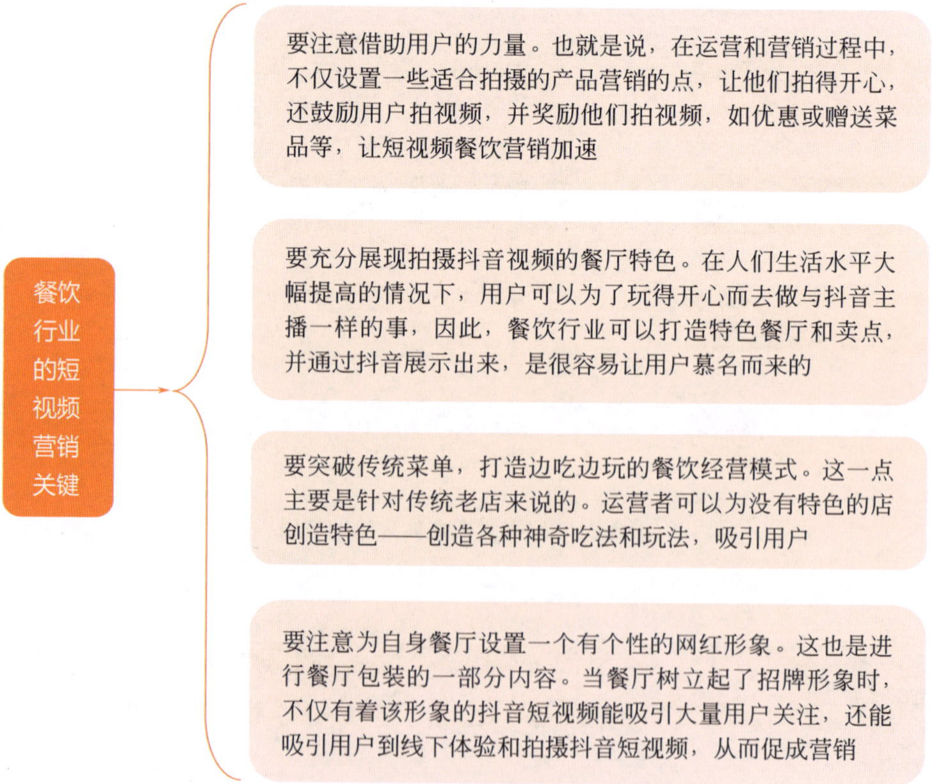

```
                ┌─────────────────────────────────────────────┐
                │ 要注意借助用户的力量。也就是说，在运营和营销过程中， │
                │ 不仅设置一些适合拍摄的产品营销的点，让他们拍得开心， │
                │ 还鼓励用户拍视频，并奖励他们拍视频，如优惠或赠送菜    │
                │ 品等，让短视频餐饮营销加速                       │
                └─────────────────────────────────────────────┘

                ┌─────────────────────────────────────────────┐
  ┌────────┐    │ 要充分展现拍摄抖音视频的餐厅特色。在人们生活水平大  │
  │ 餐饮    │    │ 幅提高的情况下，用户可以为了玩得开心而去做与抖音主  │
  │ 行业    │    │ 播一样的事，因此，餐饮行业可以打造特色餐厅和卖点，  │
  │ 的短    │    │ 并通过抖音展示出来，是很容易让用户慕名而来的      │
  │ 视频    │    └─────────────────────────────────────────────┘
  │ 营销    │
  │ 关键    │    ┌─────────────────────────────────────────────┐
  └────────┘    │ 要突破传统菜单，打造边吃边玩的餐饮经营模式。这一点 │
                │ 主要是针对传统老店来说的。运营者可以为没有特色的店 │
                │ 创造特色——创造各种神奇吃法和玩法，吸引用户       │
                └─────────────────────────────────────────────┘

                ┌─────────────────────────────────────────────┐
                │ 要注意为自身餐厅设置一个有个性的网红形象。这也是进 │
                │ 行餐厅包装的一部分内容。当餐厅树立起了招牌形象时， │
                │ 不仅有着该形象的抖音短视频能吸引大量用户关注，还能 │
                │ 吸引用户到线下体验和拍摄抖音短视频，从而促成营销   │
                └─────────────────────────────────────────────┘
```

图 8-26　餐饮行业的短视频营销关键

8.4.2 日常用品：实用性＋购买入口

相对于网红餐饮来说，用于营销日常用品的短视频其目标用户明显更多，其原因就在于产品的实用性和适用性。而利用短视频来展示日常用品，可以让其实用性更充分地体现出来。在笔者看来，日常用品的短视频营销要注意的关键点主要有两个，具体分析如下所述。

1.实用功能

既然是日常用品，那么用户的关注点还是在"用"上，运营者不仅要体现其实用性，更重要的是，要把实用性这一特点向更好、更方便等方向上发展。例如，如果营销的是日常的化妆用品，你的产品在实用性方面有哪些比别的产品更优质的特点，就是短视频要展示的重点，也是你的产品能吸引用户的优势所在。

如图8-27所示为一个关于油烟机的短视频广告。在该短视频中，运营者通过一张张图片展示了某品牌油烟机的实用特性，而这些特性又恰是用户在使用油烟机过程中碰到的难题——解决了这些难题后，想要让用户下单也就不会再是难事了。

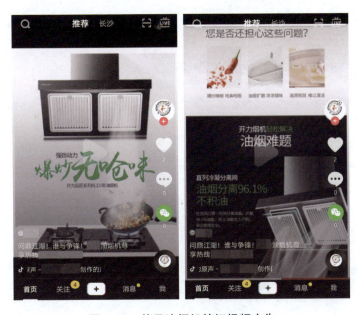

图8-27　关于油烟机的短视频广告

2.购买入口

很多用户在看到自己需要的生活用品时，如果实在喜欢，会忍不住与播主互动和要求购买，在这样的情况下，如果能提供一个快速的购买入口，肯定能促进产品成交。

如图8-28所示就是一个关于手工编织的美人兔棉鞋的抖音短视频及其评论页面。在所展示出来的评论页面中可以发现，用户不是要求购买就是希望学会怎么编织。可见，提供一个购买入口还是很有必要的。

图8-28 关于手工编织的美人兔棉鞋的抖音短视频及其评论页面

8.4.3 文娱行业：情感＋表现＋互动

所谓"文娱"，就是文化、艺术和娱乐活动等。而抖音作为一个主打音乐的短视频平台，在这一方面明显要比其他平台更有优势。有很多的抖音热歌，成为备受人们欢迎和广为传唱的产品。

除了在音乐方面外，文娱行业的其他产品，如综艺、电视剧等，也通过抖音等短视频平台大大增加了播放热度。例如，在电视剧《烈火如歌》播出期间，迪丽热巴的宠溺捧脸杀，被众多用户模仿改编，实现了更大范围内的传播，如图8-29所示。

可见，在文娱行业，利用抖音进行宣传和营销是很有必要的。那么，运营者应该如何利用抖音短视频进行营销呢？在笔者看来，有三点必不可少，如图8-30所示。

第8章 营销：有技巧何愁短视频不能火起来

图8-29 电视剧《烈火如歌》的短视频营销案例

文娱行业的短视频营销关键

- 抖音短视频很短，因此，无论是其中的音乐、视频还是文字，都应该选择能击中人心的片段。这就需要文娱产品具有丰沛的情感，让用户不自觉地被感动

- 在内容方面，用于推广文娱产品的短视频内容，其本身应该有着强烈的表现效果，这样才能更好地利用用户的好奇心、新鲜感和共鸣点，特别是音乐，一定要适合短视频内容

- 在抖音平台上，要想最大程度提升视频营销效果，重要的还是与用户互动，因此，文娱行业的短视频营销也应该从这一点出发，打造人人能玩的短视频，这样才能加深用户对文娱产品的辨识度和好感度

图8-30 文娱行业的短视频营销关键

8.4.4 旅游行业：天时＋地利＋人和

相对于其他行业来说，旅游明显是一个极低频的行业，无论是出行决策、预订还是出行，都需要酝酿相当长一段时间，来一场"说走就走的旅行"还是比较

难的。因此，想要解决旅游行业的营销通路，从文字发展到图片，还是没有完全让旅游行业大火起来。

而随着短视频的出现，通过抖音、快手等平台，旅游行业有了新的发展希望，一些网红旅游景点和营销热点开始出现，如重庆的"洪崖洞"、西安的"摔碗酒"等。其原因在于短视频为运营者和旅游爱好者提供了高互动、低门槛的内容传播通路。

基于此，旅游行业应该抓住短视频营销风口，打造网红旅游景点，最终带动整个城市和地区的旅游发展。那么，运营者应该如何做呢？在笔者看来，首先就应该打通从娱乐流量到消费流量的通路，让用户转化为消费者。当然，这也是需要条件的——需要抖音、快手等短视频平台进行营销宣传，具体分析如图8-31所示。

除了图8-31中所介绍的3大条件外，运营者还可以联合线下的其他相关领域进行营销宣传，以达到共赢的目的。特别是美食，对于热衷于吃的旅游爱好者来说，更是推动其把旅行念头付诸实际行动的利器。上面提及的西安的"摔碗酒"就是利用景点的餐饮来带火一个景点，进而带火一座城市的典型案例。

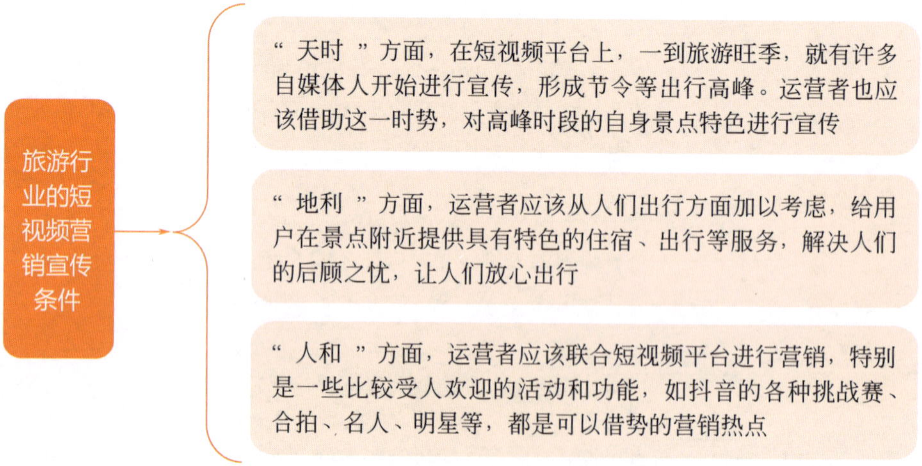

旅游行业的短视频营销宣传条件

- "天时"方面，在短视频平台上，一到旅游旺季，就有许多自媒体人开始进行宣传，形成节令等出行高峰。运营者也应该借助这一时势，对高峰时段的自身景点特色进行宣传

- "地利"方面，运营者应该从人们出行方面加以考虑，给用户在景点附近提供具有特色的住宿、出行等服务，解决人们的后顾之忧，让人们放心出行

- "人和"方面，运营者应该联合短视频平台进行营销，特别是一些比较受人欢迎的活动和功能，如抖音的各种挑战赛、合拍、名人、明星等，都是可以借势的营销热点

图8-31 旅游行业的短视频营销宣传条件

8.4.5 汽车行业：洞察+新技术+体验

大家都知道，30岁以下的年轻人成为新视频时代的抖音平台的消费主力，而这是与汽车行业的潜在购车人群高度匹配的。因此，利用抖音短视频平台进行营销，可起到事半功倍的效果。

> 第8章 营销：有技巧何愁短视频不能火起来

当然，在短视频营销中，运营者也应该掌握一定的技巧，这样才能让汽车行业的短视频营销效果更显著。具体说来，应该从3个方面加以注意，具体内容如图8-32所示。

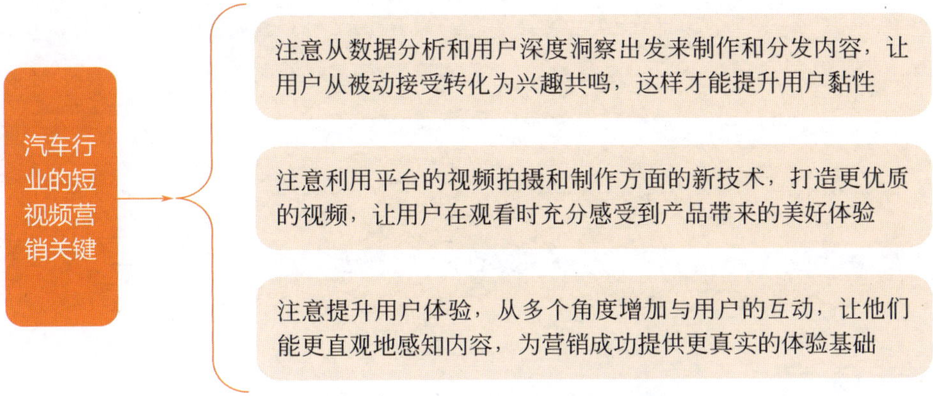

汽车行业的短视频营销关键
- 注意从数据分析和用户深度洞察出发来制作和分发内容，让用户从被动接受转化为兴趣共鸣，这样才能提升用户黏性
- 注意利用平台的视频拍摄和制作方面的新技术，打造更优质的视频，让用户在观看时充分感受到产品带来的美好体验
- 注意提升用户体验，从多个角度增加与用户的互动，让他们能更直观地感知内容，为营销成功提供更真实的体验基础

图8-32 汽车行业的短视频营销关键

当然，在汽车行业的短视频营销中，除了图8-32提及的几个关键点外，还应该着重在内容的价值打造方面下功夫。一般而言，运营者可以从以下3个方面入手提升企业产品的运营价值，如图8-33所示。

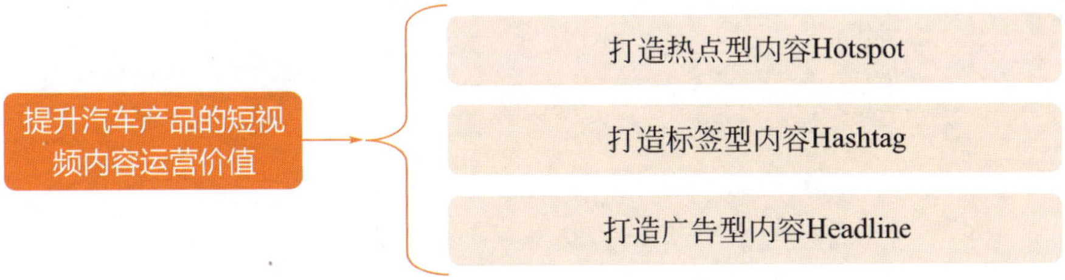

提升汽车产品的短视频内容运营价值
- 打造热点型内容Hotspot
- 打造标签型内容Hashtag
- 打造广告型内容Headline

图8-33 提升汽车产品的短视频内容运营价值介绍

第 9 章
企业：胸有成竹何惧品牌营销不成功

 学前提示

在了解了短视频营销的流程、策略和玩法等内容的基础上，接下来就是具体如何去营销了。本章以企业为例，具体解读企业品牌和产品应该如何运用好短视频这一形式，才能快速塑造和提升品牌形象，快速完成转化和达成成交。

 要点展示

- 5大优势，帮助企业品牌成就营销
- 3个方面，解读企业短视频策划
- 5种形式，快速引爆企业品牌营销
- 5大案例，教你找到成功营销的方法

9.1 5大优势，帮助企业品牌成就营销

在短视频发展起来的过程中，各种主体纷纷加入短视频运营中，除了企业和个人以外，还有各级党政机关。在这些主体中，企业为了进一步塑造自身形象和宣传自身品牌，更是不遗余力地发展短视频运营。这是为什么呢？归根结底，其原因还是短视频所具有的在营销方面的优势。

在第1章中，已经简单介绍了一些短视频营销的优势，本节则将从5个方面专门介绍企业品牌利用短视频平台（特别是抖音短视频平台）进行营销的优势。

9.1.1 碎片化信息：短视频迎合其传播诉求

在移动互联网不断深入发展的情况下，人们更多地选择使用移动终端来随时随地浏览各种平台的信息，信息、媒体、时间、传播手段及受众群体都呈现出明显的碎片化特征——碎片化时代到来。

时代的变化，必然使得社会上的相应事物也发生变化，企业品牌的营销也是如此。在碎片化时代之前，企业品牌的营销逻辑主要还是集中在对其核心诉求点的宣传上，具体如图9-1所示。

而进入碎片化时代以后，以前的企业品牌营销逻辑在效果方面将会大打折扣——广大消费者每天通过移动终端接触的信息非常多，在

总结、归纳企业品牌及其产品的特色和优势
↓
整合成一个能吸引广大消费者的核心诉求点
↓
利用广告对目标消费群体重复地进行宣传

图9-1 碎片化时代之前的企业品牌营销逻辑

这样的情况下，人们的注意力必然会因为受众多信息所吸引而变得无比分散，由此而接触到的企业品牌和产品信息也会非常多。

要想成功突围品牌林立的竞争环境，企业品牌就必须利用移动互联网更多地抓住与广大消费者接触的机会，"分秒必争"，并从多角度充分展示企业品牌及其产品，并从中感受品牌带给消费者的优质服务体验。只有这样，才能在短短时间内让消费者在充斥和传播着众多信息的碎片化中对企业品牌有一个比较更清晰的认知。

同时，对企业品牌来说，要想更好地生存下去，就必须基于碎片化时代的特征采用新的营销思维和手段。短视频营销应运而生——它在进行营销时，首先大多是一种软性推广，广告属性不强，能让用户更愿意接受。再加上其内容具有更加丰富和生动的表达效果，因而成为企业品牌进行营销推广的一种主流形式也就

不足为奇了。

当然,从内容的接收者和制作者方面来说,短视频成为企业品牌推广的主流形式之一,也是迎合了碎片化时代的传播诉求的,具体如图9-2所示。

图9-2　内容接收者和制作者角度的短视频迎合了碎片化时代的传播诉求解读

9.1.2　高曝光品牌:多种机会展示企业品牌

短视频既不同于图文内容——展示品牌时一般都要明确地说出来,也不同于长视频——除了固定位置外视频中的其他位置很容易被忽略和跳过。在短视频中,展示企业品牌有着众多的机会和巨大的优势。

一方面,短视频平台的用户增长非常快且活跃度较高,而碎片化的观看方式也让每位用户每天积累起来的在线时长很可观——就以抖音为例,从2017年到2018年2月期间,用户每天人均启动次数为5.87次,人均单日使用时间达到了48.47分钟。基于此,利用短视频平台进行营销,企业品牌能获得更高的曝光量。

另一方面,短视频展示企业品牌的机会也是很多的。同样以抖音为例,在该平台上,品牌展示主要可分为三种情况,即与抖音官方合作、认证的企业"蓝V"和软性的品牌植入,这些都能大大提高品牌的曝光率,下面将对这三种情况进行详细介绍。

(1)与抖音官方合作

在"与抖音官方合作"展示企业品牌的情况中,比较常见的是挑战赛项目。例如,抖音联手携程在2018年十一黄金周期间合力打造旅行IP活动——通过创意、精美的H5"FUN游物种"推出携程定制出游,如图9-3所示。

同时,通过与抖音官方合作,携程还邀请一些网红发起了"#携程FUN肆之旅#"挑战赛,如图9-4所示。无论是H5页面还是挑战赛,都是携程与抖音官方合作发布的用以提升品牌曝光率的宣传活动。

(2)认证的企业"蓝V"发布

企业品牌除了可以通过与抖音官方合作发布广告外,还可以在满足条件的情况下进行认证企业"蓝V",也可以发布广告和展示品牌。图9-5所示为认证企业"蓝V"的抖音号发布的短视频广告及其抖音号主页。

第9章 企业：胸有成竹何惧品牌营销不成功

图9-3 "FUN游物种"H5

图9-4 "#携程FUN肆之旅#"挑战赛

图9-5 认证企业"蓝V"的抖音号发布的短视频广告及其抖音号主页

（3）软性的品牌植入

软性的品牌植入是适合所有企业品牌的，且其展示的场景不仅包括自身的抖音号，还可以提供一定的资金支持邀请抖音达人在他们的短视频中展示——这也

209

就是后面第10章中要详细介绍的"广告植入"变现。这样的品牌展示，其作用不仅仅是提高品牌的曝光率，还能通过软性的植入提升用户好感，让其在不知不觉中更乐于接受品牌广告信息。

9.1.3 用户年轻化：更强的接受新事物能力

对于短视频内容，其用户更多的是年轻人，如图9-6所示。在抖音这一具有代表性和备受用户喜爱的短视频平台上，其用户的年龄明显呈现出更加年轻化的情况——大多数抖音号用户年龄集中在18～24岁这一年龄段内。

图9-6　短视频用户的画像

更甚者，还有的抖音号用户年龄为6～18岁，如一些萌态十足的宠物类抖音号和萌娃类抖音号。如图9-7所示分别为"开挂的猫二歪"抖音号和"丁丁当当小宝贝"抖音号的用户年龄分布图。

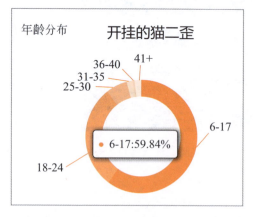 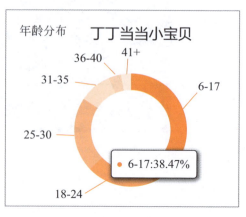

图9-7　"开挂的猫二歪"抖音号和"丁丁当当小宝贝"抖音号的用户年龄分布图

而相对于中年人和老年人来说,年轻人明显对新事物的接受能力更强,对新事物更具好奇心,也更愿意参与到有新鲜感的各种短视频挑战中。

综上所述,在年轻人占据主体地位的短视频平台上,进行品牌新产品和新理念的宣传和推广,明显是更具优势的。尤其对那些本身的目标用户群体为年轻人的企业品牌而言,达到了影响更愿意接受新事物的年轻人群体和目标用户群体二者的双重目的。

9.1.4 话题与互动:多个入口加强用户联系

经常观看抖音短视频的用户会发现,在短视频标题中经常是添加了话题的。而在进行搜索时,输入关键词后,搜索框下方有"话题"这一选项,如果运营者想要搜索与关键词相关的话题,就可选择"话题",即可显示相应的话题搜索结果。图9-8所示为以"摄影"为关键词的话题搜索结果页面和具体的话题页面。

图9-8 以"摄影"为关键词的话题搜索结果页面和具体的话题页面

可见,在抖音平台上,无论是对运营者还是对用户来说,话题都是与短视频接触过程中不可缺少的。其实,其他短视频平台同样有着很强的话题性。而企业品牌完全可以利用短视频平台的强话题性来进行营销,不管是发布挑战赛话题还是参与到平台或各类达人发起的话题中进行短视频制作,都是可行的。

关于互动性,前文多次提及的挑战赛就是一个有着极大互动性的平台活动。

另外,短视频平台还提供了多个企业品牌能与用户互动的入口,如点赞、评论和转发。这在前面的第8章中已经进行了介绍,这里就不再赘述。

9.1.5 运营阵地:塑造和提升企业品牌形象

与建立微信公众号、头条号等类似,企业品牌建立抖音号也是可以塑造和提升品牌形象的。特别是对那些已经进行了"蓝V"企业认证的企业品牌,其所建立的抖音号就是它们塑造自身品牌形象可以利用的阵地。

图9-9所示为"英特尔中国"抖音号主页。在该页面上,可以看到该企业的"蓝V"认证标志。该抖音号的短视频内容,通过明星演绎内容和进行宣传,全面诠释企业品牌和产品,塑造品牌形象,如图9-10所示。

图9-9 "英特尔中国"抖音号主页

图9-10 "英特尔中国"抖音号的短视频内容部分展示

在利用抖音等短视频平台塑造品牌形象的过程中,企业应该注意,短视频内容毕竟不同于图文内容,其用户群体还是有着一定区别的。因此,企业品牌主可以试着改变其以往的严谨、庄重等形象,以便契合短视频平台调性。否则,一本正经式的短视频是很难获得短视频平台用户喜欢的,更不用说促进营销了。

就这方面而言,后文中要介绍的支付宝就做得很好。当然,运营者也可借鉴一些政务号的运营经验,使企业通过短视频塑造品牌形象的道路越走越顺。

9.2 3个方面,解读企业短视频策划

了解了企业品牌利用短视频进行营销的优势之后,众多品牌主是不是想着就去试一试呢?此时问题来了:究竟如何制作一个能帮助企业品牌进行营销的短视频呢?本节将介绍策划企业品牌短视频的方法。

9.2.1 区别企业与个人短视频,效果才能更佳

在制作企业品牌短视频之前,运营者必须清楚地了解企业品牌短视频与个人短视频之间的差异,这样才能达到更好的营销效果。确实,企业品牌短视频与个人短视频之间还是存在很大差别的,主要表现在两个方面,具体分析如下所述。

1. 核心目标方面

作为一个短视频账号,注重获取粉丝和流量是一个主要的目的,无论是企业品牌短视频还是个人短视频,都是如此。不同的是,相较于个人短视频账号把更多精力放在提高播放量和个人影响力范围方面而言,企业品牌短视频的核心目标则表现在两个方面,具体内容如图9-11所示。

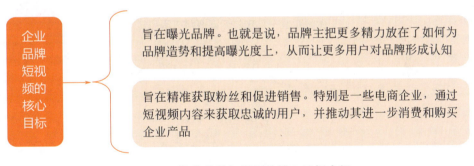

图9-11 企业品牌短视频的核心目标介绍

2. 内容策划方面

既然企业品牌短视频与个人短视频在核心目标上存在差异,那么与之关联的短视频内容策划必然也是存在差异的。一般来说,企业品牌短视频的内容策划,应该思考以下两个方面,如图9-12所示。

企业品牌短视频的内容策划

应该更多地围绕企业品牌展示制作短视频内容，如" 如何实现品牌和产品的软性植入""如何通过有趣的、有创意的故事把品牌充分展现出来"等

品牌主做好内容策划，并不仅仅为了确定内容方向，更重要的是，只有确定了内容，才能以此作为依据，为内容的宣传选择合适的渠道

图9-12　企业品牌短视频的内容策划介绍

9.2.2　了解短视频策划步骤，企业营销更顺利

在策划短视频内容时，作为品牌主，具体应该如何操作呢？在笔者看来，企业短视频是连接企业品牌及其产品和用户的，因此在策划时也离不开这两个方面。基于此，企业短视频的策划主要包括两个步骤，具体如图9-13所示。

企业品牌短视频的策划流程

首先

做好企业产品定位和提取核心卖点

运营者应该从知己知彼的角度出发，通过调研的方式了解竞品企业的产品及其营销方式，做到自身产品卖点的差异化和找出优胜之处，为内容策划的主题确定提供基础

其次

做好企业产品的目标用户群体分析

运营者应该围绕目标用户群体对其痛点需求和购买力进行了解，然后再根据了解到的情况策划内容。例如，如果企业产品的目标用户是白领商务职员，那么短视频内容的品牌和产品宣传的重心一定要从解决他们的痛点需求出发，且在制作内容上也要把握相关调性，确定是白领商务职员喜欢的风格

图9-13　企业品牌短视频的策划流程

9.2.3 掌握策划的细节，挖掘企业产品的价值

企业在制作电商平台上的产品短视频时，都是从其功能、外观或操作等方面着手的。这样的短视频内容对于已经进入营销平台且想要了解具体产品的用户来说，是合适的，也是能促进用户购买的重要因素。但是对于在专门的短视频平台进行信息流广告信息推广的企业品牌来说，却是不适宜的。

其原因在于，此时用户并不急着购买产品，对产品没有那么迫切的需求。此时企业品牌主策划短视频的目的是要放大企业产品的价值，让用户对其产生兴趣且能持续关注。因此，企业品牌在策划用于在抖音等短视频平台进行运营的短视频内容时，就应该着重于产品价值的挖掘。

关于企业品牌和产品价值的挖掘，具体来说，可从以下4个方面着手，如图9-14所示。

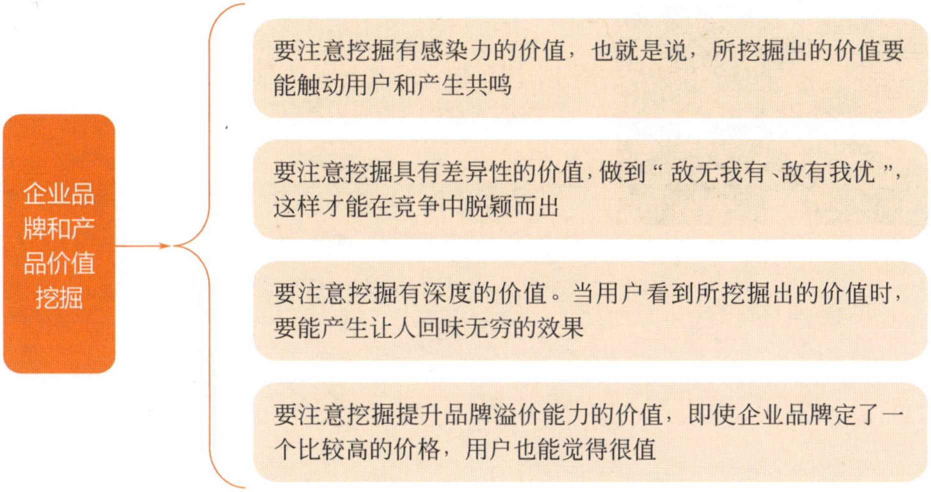

企业品牌和产品价值挖掘：

- 要注意挖掘有感染力的价值，也就是说，所挖掘出的价值要能触动用户和产生共鸣
- 要注意挖掘具有差异性的价值，做到"敌无我有、敌有我优"，这样才能在竞争中脱颖而出
- 要注意挖掘有深度的价值。当用户看到所挖掘出的价值时，要能产生让人回味无穷的效果
- 要注意挖掘提升品牌溢价能力的价值，即使企业品牌定了一个比较高的价格，用户也能觉得很值

图9-14 企业品牌和产品价值挖掘分析

9.3 5种形式，快速引爆企业品牌营销

相较于其他内容形式，短视频明显是一种沉浸感更强的表达方式——它能拉近用户与品牌之间的距离，让用户进一步接受和认可产品，进而实现从用户向消费者转化的目标。

那么，在以抖音为代表的短视频平台上，运营者应该如何依靠短视频内容来

引爆品牌营销呢？笔者将介绍5大类短视频内容，帮助读者解答这一问题。

9.3.1　演技：品牌展示更生动、形象

图 9-15　一个关于手绘技艺的短视频案例

在抖音平台上，音乐是一个不可或缺的短视频元素，基于这一点，运营者可以发挥平台优势和自身所长，做一个演技派，通过不凡的表演来展现品牌特性，实现品牌营销目标。

关于演技派的短视频内容打造，既可以是歌曲演绎，也可以是自创内容演绎，还可以采用分饰多角的手法进行演绎。那些想要塑造和改变形象的企业或品牌，就可以通过这一类内容来充分展现——将更加生动、形象，让受众印象深刻。

图9-15所示为一个关于手绘技艺的短视频案例。该短视频中通过一个播主现场手绘的表演，展示了该播主的才艺，同时又展现了手绘作品的立体和美观。

当然，运营者采用这一类内容来进行品牌营销，还有一个很重要的考虑，那就是它适合发起挑战赛，吸引更多用户参与创作，从而实现人流的集聚和品牌营销。

9.3.2　特效：提升品牌认知和辨识度

各个短视频平台上都有视频特效功能，运营者可以通过这些功能来宣传与品牌和产品相关的信息，达到提升品牌认知和辨识度的效果。加入了特效设置的品牌短视频内容，如果能让其与抖音达人挂钩——借助其影响力和标签——那么，让品牌进一步被认知也就不再是一句空谈了。

9.3.3　实物：软性植入才能无违和感

在短视频营销中，在内容中将实物产品软性植入到拍摄场景，或作为拍摄道具来直观展现，是一个提升营销效果的有效方法。图9-16所示为papi酱代言的Moussy品牌植入短视频的案例。在该短视频中，papi酱所穿的T恤上显示了Moussy的品牌标识——作为拍摄的道具软性植入短视频中，没有产生任何违和感，达到了推动品牌营销的目的。

> 第9章 企业：胸有成竹何惧品牌营销不成功

图9-16 papi酱代言的Moussy品牌植入短视频案例

9.3.4 故事：接地气内容引发共鸣

故事类内容是品牌营销中经久不衰的实用方法，其原因就在于故事所带给人们的接地气的感觉——和用户共同感受故事所营造的氛围，引发互动和共鸣，并让人们在不知不觉间记住了品牌及其产品，加深了品牌印象。

其实，短视频内容中用故事来推广和营销产品的也不乏其例。那么，在利用讲故事的方法进行品牌营销时应该注意什么呢？在笔者看来，主要有两个方面需要考虑，如图9-17所示。

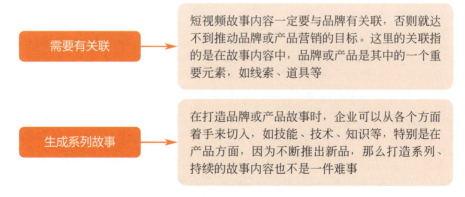

图9-17 打造品牌营销的故事性短视频内容要注意的两点

217

9.3.5 动作：全面展现企业品牌特征

视频本身就是一个动的画面，利用这一特性，如果再在视频内容中通过肢体动作来表现品牌或产品的特征，就更能让受众印象深刻。

而且，动作一般是持续性的，因此，短视频中的一个肢体动作，是极易引发受众联想的。另外，既然是用来宣传和推广品牌的动作，那么一定会是有着鲜明特征的，这样的动作插入在进行品牌或产品营销过程中还是有着重大意义的。

图9-18所示为画眉的动作类短视频案例。通过观看该短视频，再联合标题中的"丝丝分明，根根如真"，用户会自然而然地想到画眉效果，从而实现品牌营销。

图9-18　一个画眉的动作类短视频案例

9.4　5大案例，教你找到成功营销方法

在抖音短视频逐渐发展起来的过程中，企业号纷纷入驻，以便寻求运营和营销发展机会。其结果也证实了企业的这一选择是正确的。有很多企业号通过抖音短视频平台吸引了大量用户关注，对提升用户好感度和塑造企业形象起到了巨大的推动作用。

本节就以支付宝、成都商报、美团外卖等企业的抖音号为例，介绍其短视频运营推广策略。

9.4.1　支付宝：通过趣味内容成功圈粉

关于支付宝，在前面的第8章中有简单介绍，在此，笔者将进一步为大家介绍支付宝的抖音号运营。首先来看两个支付宝的抖音短视频案例，如图9-19所示、

在图9-19所示的两个案例中，明显可以看到其中满满的段子味道——将企业运营的日常（如左图中的支付宝蚂蚁森林运营）和支付宝的一些功能（如右图中的定制个性到账语音）制作成段子类的短视频内容，在增加趣味性的同时也清晰地展示了企业产品和文化，让企业形象深入人心。

> 第9章 企业：胸有成竹何惧品牌营销不成功

图9-19 支付宝的抖音短视频案例

其实，"支付宝"抖音号的短视频内容还有一个非常显著的特点，那就是自黑。它不仅在公众号中发表其抖音号求关注的自黑文章，更把这一策略带到了抖音号运营中，以便契合抖音短视频平台调性。其结果当然是成功圈粉，引起众多用户点击播放和评论互动。图9-20所示为支付宝幽默自黑的抖音短视频案例。

图9-20 支付宝幽默自黑的抖音短视频案例

9.4.2 成都商报：内容接地气赢得好感

与支付宝一样，成都商报这一企业的抖音短视频运营也在前面第8章中提及过，简略地提到了它的运营特色——接地气，在此笔者将通过具体案例进行详细分析。

"牙尖熊猫侠"是成都商报的官方抖音号，截至2018年11月，它已拥有350多万粉丝，获得了3700多万点赞。在短视频内容运营方面成就非凡——每一个视频的点赞量都非常可观，少则几万，多则几百万，如图9-21所示。

图9-21 "牙尖熊猫侠"抖音号的主页

"牙尖熊猫侠"抖音号取得短视频运营成功并不是没有原因的，其原因就在于其短视频内容非常接地气，能让用户感同身受。"牙尖熊猫侠"抖音号发布的短视频都是由川普牙尖兄弟演绎的，且内容都是围绕生活中的一些日常场景和点滴细节而展开的，让人感觉亲切而真实，如图9-22所示。

图9-22中的两个案例，一是两位妈妈讨论各自孩子大学所读专业的场景——通过川普牙尖的演绎，可以说是真实地再现了现实生活中家长们误解大学专业的聊天场景，容易让很多人感受亲切而真实；二是在乘地铁安检时液状物体检测场景，非常形象：播主去安检，要求对手中的奶茶进行安检时，安检人员的寻常一句"喝一口"让吃货播主理解有误——"他要求喝一口"，从而回答"你自己去买哦"，剧情一下子反转，情节幽默有趣，让人忍俊不禁。

图9-22 "牙尖熊猫侠"抖音号接地气的短视频案例

而这些又恰是我们生活中常常遇见的,把它们通过短视频的方式展现给用户观看,自然能获得用户的好感,拉近与他们之间的距离。

9.4.3 美团外卖:话题和才艺塑造形象

标榜"美团外卖,送啥都快!"的美团外卖也入驻了抖音短视频平台,开启了短视频运营之路。"美团外卖"抖音号的运营,在笔者看来,其亮点主要集中在两个方面,即发起话题和塑造形象展示才艺,下面将进行具体介绍。

1.发起话题

在"美团外卖"抖音号主页上,可以看到其发起的各种话题,如"#在北上广成偶遇袋鼠君""#这一波操作""#街头冠军""#李白点外卖""#上美团外卖今晚吃鸡""#全民挑战66舞"等,如图9-23所示。其中,发起的话题"#全民挑战66舞"的播放量达到了2.5亿次,如图9-24所示,成功圈粉无数。

2.塑造人格展示才艺

"美团外卖"抖音号的短视频内容,包含了两个重要的人格塑造,即可爱的袋鼠君和多才多艺的美团外卖员工,如图9-25所示。且很多短视频都是利用一人一袋鼠的组合跳舞来打造内容,如Dura舞、人猿泰山、大笑江湖等。通过这样的短视频内容,让美团外卖的形象深入人心,对塑造品牌形象和提高用户忠诚度有着莫大意义。

图9-23 "美团外卖"抖音号发起的话题

图9-24 话题"#全民挑战66舞"

图9-25 "美团外卖"抖音号的袋鼠君和多才多艺的员工人格塑造

9.4.4 饿了么：把短视频当作影片来制作

"饿了么"抖音号的短视频，有些内容明显比其他企业和运营者制作的短视频更精心，它不再是简单的图片制作而成的图片电影，也不是直接拍摄和剪取生活中片段而成的，而是把短视频运营当作影片来制作，形成具有故事、语言、结构、思想、角度、情绪和镜头等电影元素在内的短视频影片。

特别是"饿了么"抖音号发表的由饿了么快递员扮演的"饿郎神君"的短视频案例，如图9-26所示。在这两个抖音短视频中，把送外卖过程中遇到的一些困难和付出的辛苦，打造成"饿郎神君"大战雨魔、炎魔和饿魔的故事，生动形象，更易让抖音年轻用户理解和接受。

图9-26 "饿了么"抖音号的"饿郎神君"短视频案例

不知大家注意到没有，在图9-26所示的这个由饿了么设计团队经过1个多月时间打造成的公益宣传片短视频中，还包含了很多潮流文化和流行元素。例如，短视频内容是采用年轻人喜欢的动漫文化来呈现的。

除了展示流行的音乐、时装和动画元素外，还在道具和人设上进行了巧妙设置，如《海贼王》索隆的三刀流与骑手从"冷热分离箱"中抽出的武器，又如《千与千寻》中的无脸男与饿魔等，都能让用户展开丰富的联想和想象。

9.4.5 网易游戏"阴阳师"：高颜值主角

《阴阳师》是由中国网易移动游戏公司研发的一款3D手游。该游戏采用日式和风的风格制造,以《源氏物语》的古日本平安时代为背景进行设计。基于迅速火起来的抖音短视频,企业创建了"阴阳师扫地工"抖音号来宣传和推广该游戏。图9-27所示为"阴阳师扫地工"抖音号主页。

该抖音号推广短视频的一个重要特色,就是用cosplay的方法来打造短视频主角——让有着高颜值的俊男美女利用服装、饰品、道具以及化妆来扮演游戏中的虚拟人物,从而展现游戏中的人气角色的日常生活,实现推广游戏的目标。当然,其结果也是喜人的,有些短视频的点赞量和评论量都破万了,如图9-28所示。

图9-27 "阴阳师扫地工"抖音号主页　　　图9-28 "阴阳师扫地工"抖音号的短视频案例

对用户来说,"阴阳师扫地工"抖音号中的短视频,其主角都有着与游戏中的人气角色匹配的服装、饰品、道具以及化妆技术,且有超高的颜值加持。这对于喜欢二次元文化的年轻人来说,绝对是绝佳的视觉享受。

第10章
变现：你的短视频内容也许价值千万

  学前提示

> 对运营者来说，当其手中拥有了优质的短视频后又该如何进行变现和盈利呢？有哪些方式是可以借鉴和使用的呢？
> 本章将从5个方面出发来介绍短视频变现秘诀，帮助大家通过短视频轻松盈利。

  要点展示

- ➢ 电商：卖掉产品就是赚到
- ➢ 付费：有偿提供视频内容
- ➢ 广告：流量可以直接变现
- ➢ 平台：获取补贴以及分成
- ➢ 其他：变现方法还有很多

10.1 电商：卖掉产品就是赚到

"电商+短视频"属于细分垂直内容，同时也是短视频变现的有效模式，不仅有很多短视频平台与电商达成合作，为电商引流（如美拍），而且还有从短视频平台拓展电商业务的"一条"，这些都是"短视频+电商"的成果。

那么，这样的变现模式到底是怎么运作的呢？本节将专门从"短视频+电商"的角度，详细介绍短视频的这一垂直细分的变现秘诀。

10.1.1 自营：把自家的东西卖出去

电商与短视频的结合有利于吸引庞大的流量，一方面短视频适合碎片化的信息接收方式，另一方面短视频展示商品更加直观动感，更有说服力。如果短视频内容能与商品很好地融合，无论是商品卖家，还是自媒体人，都能获得较多的人气和支持。

著名的自媒体平台"一条"是从短视频发家的，后面它走上了"电商+短视频"的变现道路，盈利颇丰。如图10-1所示为"一条"微信公众号推送的内容——不仅有短视频，而且还有关于自营商品的巧妙推荐。

图10-1 "一条"微信公众号推送的内容

第10章 变现：你的短视频内容也许价值千万

> **专家提醒**
>
> "一条"推送的短视频一般都是把内容与品牌信息结合在一起，是软性的广告植入，不会太生硬，而且能够有效地传递品牌理念，增强用户的信任感和依赖感，这也是短视频变现的一种有效方式。

"一条"不仅把商品信息嵌入到短视频内容之中，而且还设置了"生活馆"和"一条好物"两大板块，专门售卖自己经营的商品。如图10-2所示为"一条"自营商品入口及"一条生活馆"页面。

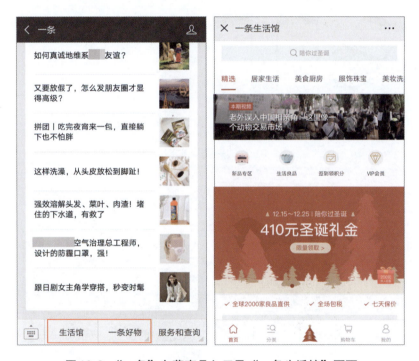

图10-2 "一条"自营商品入口及"一条生活馆"页面

除了在微信公众平台推送自营商品的信息之外，"一条"还专门开发了以"生活美学"为主题的APP，如图10-3所示。

再比如京东商城，中国最大的自营式企业，其在线购物APP也推出了短视频的内容，如图10-4所示。在"发现"页面有一个"视频"专栏，通常推送时长为五分钟以内的短视频内容，而且都是围绕京东的自营商品打造的。

这种形式为京东商城增添了更多魅力和特色，用户可以通过更为直观的方式接触自己想要购买的商品，从而产生购买的欲望，大大促进了短视频的变现。

图10-3 "一条"电商APP

图10-4 京东的自营商品短视频

10.1.2 入驻：借助其他平台的力量

短视频的电商变现形式除了自营电商可以使用，对第三方店铺也是适用的，比如淘宝卖家，很多都是通过发布短视频的形式来赢得用户的注意和信任，从而促进销量的上涨。淘宝上的短视频展示有几种不同的形式，分别利用其优势吸引眼球，成功变现。

首先来看第一种，即在店铺中"首页"或专门设置"视频"菜单放置短视频。图10-5所示为某淘宝店铺的短视频展示。在播放短视频的过程中，会不时地跳出商品链接，感兴趣的话可以直接点击进入购买页面。另外，有些视频的商品链接会随着视频的进度而不断变化。这是与短视频的内容相辅相成的，形成"边看边买"营销模式。

图10-5　某淘宝店铺首页短视频展示

第二种是在淘宝的微淘动态里用短视频的方式展示商品，比如上新、打折、做活动等。图10-6所示为"馨馨帮sinsinboun"店铺发布的微淘动态。用户不仅可以直接观看商品的细节，而且可以点击店铺名称下方的内容标题进入相应页面，在下方进行点赞、评论以及分享，扩大店铺影响力。

此外，用户还可以通过微淘动态的短视频直接观看商品展示，然后点击短视频页面的"查看详情"按钮，进入到商品的链接页面，查看商品的具体信息，比如颜色、尺码等更多细节。

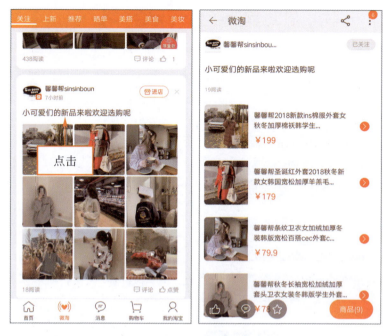

图 10-6 微淘动态里的短视频展示

第三种是淘宝主页的"有好货"版块会推荐短视频,如图 10-7 所示。点击进入相应页面后可通过视频直观地观察和了解商品,同时可点击"去购买"按钮进入商品页面,用户即可进行购买。

图 10-7 "有好货"版块的短视频展示

> 第10章 变现：你的短视频内容也许价值千万

专家提醒

第三方店铺的"短视频+电商"的变现方式就是利用了短视频直观化这一特点，尤其是美妆、服饰类的商品，更适合用短视频的方式展示，有利于变现和盈利。而且，短视频平台为了变现，也与电商进行合作，如美拍推出的"边看边买"就是为淘宝引流，互利共赢。

10.2 付费：有偿提供视频内容

知识付费与短视频是近年来内容创业者比较关注的话题，同时也是短视频变现的一种新思路。怎么让知识付费更加令人信服？如何让拥有较高水平的短视频成功变现、持续吸粉？两者结合可能是一种新的突破，既可以让知识的价值得到体现，又可以使得短视频成功变现。

从内容上来看，付费的变现形式又可以分为两种不同的类型，一种是细分专业咨询费用，比如摄影、运营的技巧和方法，另一种是教学课程收费。另外，从账号方面来说，有些账号要求必须是会员才能开放观看权限。本节将专门介绍这3种不同的内容变现模式。

10.2.1 咨询：为受众答疑解惑

知识付费越发火热，是因为它符合了移动化生产和消费的大趋势，尤其是自媒体领域，知识付费呈现出欣欣向荣的景象。付费平台也层出不穷，比如在行、知乎、得到以及喜马拉雅FM等。那么，值得思考的是，知识付费到底有哪些优势呢？为什么这么多用户热衷用金钱购买知识呢？笔者将其总结为如图10-8所示的几点。

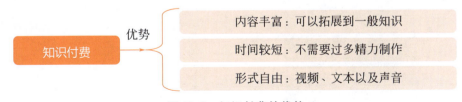

图10-8 知识付费的优势

细分专业的咨询是知识付费比较垂直的领域，针对性较强，国内推出了知识付费的问答平台。图10-9所示为问视的首页。点击 扩展图标即可看到更多类型的回答，如图10-10所示。

图10-9　问视的首页

图10-10　问视的问题分类

而"回答"页面则主要分为"单问"和"多答"两个板块，如图10-11所示。问视的盈利主要是通过回答问题来完成的。图10-12所示的"个人中心"页面就有"累计收入"的图标。

图10-11　问视的"回答"页面

图10-12　问视的"个人中心"页面

> 第10章 变现：你的短视频内容也许价值千万

由于短视频本身的时长较短，因此在内容的表达上也会有所限制，进而造成难以实现知识付费的情况。细分专业的咨询或许会比较容易，但还有很多类型的知识付费还有待探索和发现。

10.2.2 上课：向学员收取费用

知识付费的变现形式还包括教学课程的收费，一是因为线上授课已经有了成功的经验，二是因为教学课程的内容更加专业，具有精准的指向和较强的知识属性。比如很多平台就已经形成了较为成熟的视频付费模式，比如沪江网校、网易云课堂、腾讯课堂等。

再比如以直播、视频课程为主要业务的千聊平台，其很多内容都是付费的，如图10-13所示。而且为了吸引用户观看，平台还会开展诸多活动，比如打折、优惠等。

图10-13 千聊的付费课程页面

短视频的时间短，这对于观众接受信息而言是一大优势，但从内容的表达角度来看却是一大劣势，因为时间限制了内容的展示，让付费难以成功实现。如果短视频创作者想要通过知识付费的方式变现，就需要打开脑洞、寻求合作，比如哔哩哔哩平台上的up主"薛定饿了么"投放的短视频内容风格就别具一格，主要内容为一系列科普知识，表达方式符合年轻一代的认知思维，如图10-14所示。

图 10-14 "薛定饿了么"在哔哩哔哩平台上的投稿展示

10.2.3 限定：开通会员可查看

大家都知道，有时在腾讯、优酷和爱奇艺等在线视频平台观看视频内容，当看到精彩剧集时，就会出现付费才能观看完整版的情况，如图 10-15 所示；或者在观看当前热播的视频内容时，如果想要抢先一步了解和观看更多更新剧集的内容，也是需要付费的，如图 10-16 所示。

图 10-15 "开通 VIP 会员后观看完整版"剧集案例

图 10-16 "开通 VIP 会员抢先看"剧集案例

> 第10章 变现：你的短视频内容也许价值千万

从图10-15和图10-16中可以看到，这两种付费情况的剧集的右上角都有"VIP"字样，也就是说，与会员权限相关。只有当用户成为平台的VIP会员才能观看所有视频内容和抢先观看最新更新剧集。

一些短视频平台也开始借鉴长视频内容的付费盈利模式，推出了短视频内容付费用户服务。关于短视频内容付费用户服务的推出，主要是基于4个方面的原因，如图10-17所示。

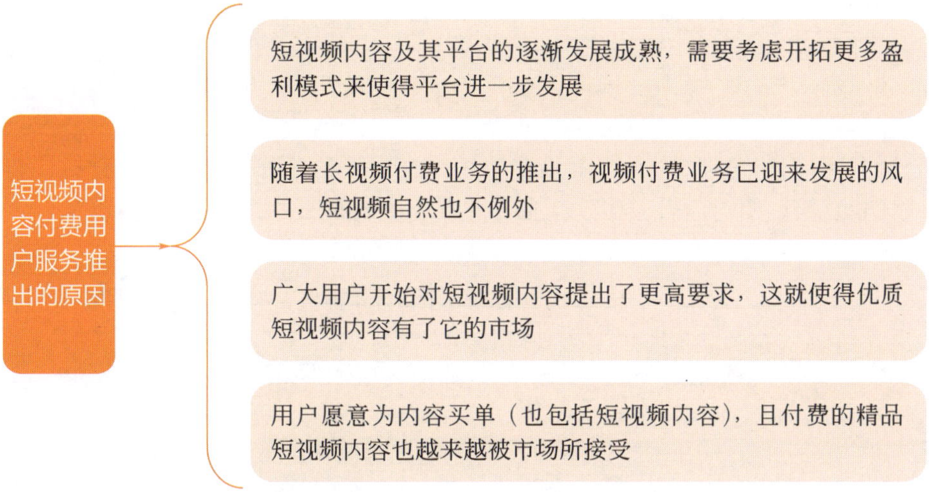

短视频内容付费用户服务推出的原因：

- 短视频内容及其平台的逐渐发展成熟，需要考虑开拓更多盈利模式来使得平台进一步发展
- 随着长视频付费业务的推出，视频付费业务已迎来发展的风口，短视频自然也不例外
- 广大用户开始对短视频内容提出了更高要求，这就使得优质短视频内容有了它的市场
- 用户愿意为内容买单（也包括短视频内容），且付费的精品短视频内容也越来越被市场所接受

图10-17 短视频内容付费用户服务推出的原因分析

在短视频用户付费业务方面，发展较早的是国外的短视频巨头YouTube——它在2015年宣布的YouTube Red计划中就推出了这一业务，且发展形势一片大好。基于这一短视频发展情况，我国的超级视频媒体平台爆米花网也推出了VIP会员服务。图10-18所示为爆米花网的付费会员服务权利。

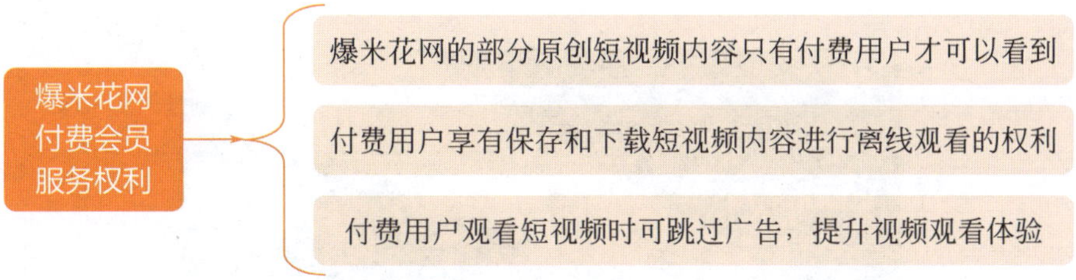

爆米花网付费会员服务权利：

- 爆米花网的部分原创短视频内容只有付费用户才可以看到
- 付费用户享有保存和下载短视频内容进行离线观看的权利
- 付费用户观看短视频时可跳过广告，提升视频观看体验

图10-18 爆米花网付费会员服务权利分析

当然，其他短视频平台正在或计划向这一变现模式迈进。而这一变现模式的出现和发展是符合内容盈利发展趋势的，其前景是可期的。

10.3 广告：流量可以直接变现

广告变现是短视频盈利的常用方法，也是一种比较高效的变现模式，而且短视频中的广告形式可以分为很多种，比如冠名商广告、浮窗logo、广告植入、贴片广告以及品牌广告等。本节将从广告这一常见形式出发，告诉读者如何通过在短视频中植入广告进行变现，实现获利目标。

10.3.1 冠名广告：直接吸引广告主

冠名商广告，顾名思义，就是在节目内容中提到名称的广告，这种打广告的方式比较直接，相对而言较生硬。主要的表现形式有三种，如图10-19所示。

```
                  ┌─ 片头标板：节目开始前出现"本节目由××冠名播出"
                  │
[冠名商广告]─表现─┼─ 主持人口播：每次节目开始时说"欢迎大家来到××"
                  │
                  └─ 片尾字幕鸣谢：出现企业名称、logo、"特别鸣谢××"
```

图 10-19 冠名商广告的主要表现形式

在短视频中，冠名商广告同样也比较活跃：一方面企业可以通过资深的自媒体人（"网红"）发布的短视频打响品牌、树立形象，吸引更多忠实客户；另一方面短视频平台和自媒体人（网红）可以从广告商方面得到赞助，双方成功实现变现。图10-20所示为秒拍短视频平台的红人"饲养员蘑菇"发布的关于"八旗烤肉"的短视频，画面中展示了八旗烤肉的品牌标识。

图 10-20 "饲养员蘑菇"短视频的冠名商广告

> 第10章 变现：你的短视频内容也许价值千万

> **专家提醒**
>
> 需要注意的是，冠名商广告在短视频领域的应用还不是很广泛，原因有两点：一是投入资金比例大，因此在选择投放平台和节目的时候会比较慎重；二是很多有人气、有影响力的短视频自媒体人不愿意将冠名商广告放在片头，而是放在片尾，目的是不影响自己视频的品牌性。

10.3.2 浮窗广告：褒贬不一的形式

浮窗LOGO也是广告变现形式的一种，即视频在播放的过程中悬挂在视频画面角落里的标识。这种形式在电视节目中经常可以见到，但在短视频领域应用得比较少，可能是因为广告性质过于强烈，受到相关政策的限制。

以开设在爱奇艺视频平台的旅行短片栏目《大旅行家的故事》为例，由于其短视频主人公查理是星途游轮代言人，因此视频节目的右下角也设置了浮窗LOGO，如图10-21所示。文字和图标的双重结合，不影响整体视觉效果。

图10-21 《大旅行家的故事》的浮窗LOGO

浮窗LOGO是广告变现的一种巧妙形式，但是它也是兼具优缺点的，那么具体来说，它的优点和缺点分别是什么呢？笔者将其总结为如图10-22所示。

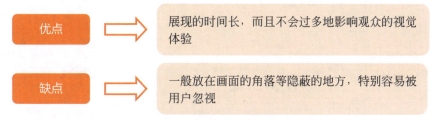

图10-22 浮窗LOGO的优点和缺点

> **专家提醒**
>
> 由此可见，浮窗LOGO的优点也是它的缺点，具有两面性，但总体来说，它还是不失为一种有效的变现方式。自媒体人或者网红如果想要通过广告变现获得收益，不妨可以试试这一模式。

10.3.3 植入广告：软化是重中之重

在短视频中植入广告，即把短视频内容与广告结合起来，一般有两种形式：一种是硬性植入，不加任何修饰地硬生生地植入视频之中；另一种是创意植入，即将短视频的内容、情节很好地与广告的理念融合在一起，不露痕迹，让观众不容易察觉。相比较而言，很多人认为第二种创意植入的方式效果更好，而且接受程度更好。

在短视频领域中，广告植入的方式除了可以从"硬"广和"软"广的角度划分，还可以分为台词植入、剧情植入、场景植入、道具植入、奖品提供以及音效植入等植入方式，具体介绍如图10-23所示。

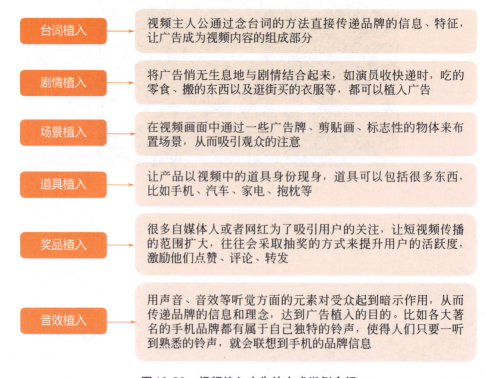

图10-23 视频植入广告的方式举例介绍

10.3.4 贴片广告：和内容连成一体

贴片广告是通过展示品牌本身来吸引大众注意的一种比较直观的广告变现方式，一般出现在片头或者片尾，紧贴着视频内容。图10-24所示为贴片广告的典型案例，品牌的LOGO和名称一目了然。

图10-24 贴片广告

贴片广告的优势有很多，这也是它比其他的广告形式更容易受到广告主青睐的原因，其具体优势包括如图10-25所示的几点。

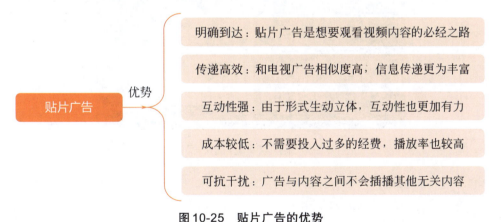

图10-25 贴片广告的优势

> **专家提醒**
>
> 贴片广告的变现方式是比较靠谱的，而且值得注意的是，很多视频平台都已经广泛采用了这种广告变现模式，并获得了比较可观的收益。短视频的贴片广告也逐渐成为广告变现的常用模式。

10.3.5 品牌广告：将品牌作为中心

品牌广告的意思就是以品牌为中心，为品牌和企业量身定做的专属广告。这种广告形式从品牌自身出发，为了表达企业的品牌文化、理念，致力于打造更为自然、生动的广告内容。这样的广告变现更为高效，因此其制作费用相对而言也比较昂贵。

以抖音上达人围绕果果家女装（GGWOMEN）品牌打造了一则视频广告为例，如图10-26所示。在短视频中，通过不同的场景展示了多款闺蜜装，然后通过参与话题活动"#闺蜜""#穿搭""#陪你过冬天"，整个视频广告都围绕"闺蜜"展开，自带话题性和用户归属感，吸引用户眼球。同时当视频展示一段时间后，适时植入引导用户购买的更清晰的链接，短时间内就吸引了150多万用户去查看。

图10-26 果果家女装打造的品牌广告

在这样的情况下，想要让用户购买和实现短视频营销变现也就更容易了。由此可见品牌广告的变现能力是相当高效的。与其他形式的广告方式相比其针对性更强，受众的指向性也更加明确。

10.4 平台：获取补贴以及分成

随着短视频和新媒体的迅速发展，互联网行业的平台盈利模式也是花样百出，层出不穷。在打造完短视频后，运营者可能还是会有所疑问，到底如何实现成功变现，获取盈利呢？除了上面介绍的几类变现模式，是不是还可以从其他类型的平台盈利模式中获取新的点子呢？

10.4.1 短视频APP：流量是关键点

随着移动互联网和移动设备的不断发展，移动端的短视频也愈发火热，各种短视频APP层出不穷，如快手、抖音、火山小视频和美拍等。那么，这些移动端的短视频平台又是怎么实现盈利的呢？它们的分成收益又是如何计算的呢？本节将以抖音、快手、火山和美拍为例进行具体介绍。

1. 抖音

抖音是一款备受年轻人喜爱的音乐短视频APP，它的收益主要来源于平台补贴。同时此平台还常常与品牌主发起相关话题挑战，吸引用户参与，以便推广品牌。

抖音平台上发起的话题挑战，实际上是需要通过品牌商、平台方、达人以及用户等一系列的合作才能实现的。平台方和品牌商发起话题挑战，利用达人和活动运营炒热话题，从而吸引广大用户参与挑战。如果用户生产出优质的内容，且引起了较为广泛的传播，那么平台就会给出奖赏和补贴。

专家提醒

抖音为了使用户获取更多收益，也开通了直播功能，相对于平台补贴而言，直播中获得的粉丝打赏收益更加直接，往往能够获取更为丰厚的收益。

2. 快手

快手是一款比较接地气的APP，同时也是普通老百姓娱乐的绝佳平台，它的收益方式主要是以直播的粉丝打赏为主。对于主播而言，只要有足够的粉丝支持，内容质量高，就能够获取较为客观的收益。

专家提醒

快手的直播功能可以提供给主播收益，具体的方法为：扣税20%左右，五五分成，剩下的就是主播的实际收入。

如果粉丝想要给自己喜欢的主播送礼物，就需要充值快币，而快币又是与现实中的货币挂钩的，故礼物赠送越多，主播获取的收益也会更多。

3.火山

火山小视频是一款收益分成比较清晰、进入门槛较低的短视频平台。火山小视频的定位从一开始就很准确,而且也把握了用户想要盈利的心理,打出的口号就是"会赚钱的小视频"。那么,火山小视频的主要收益究竟来自哪里呢?

火山小视频是由今日头条孵化而成的,同时今日头条还为其提供了10亿元的资金补贴,以全力打造平台上的内容,聚集流量,炒热APP。因此,火山小视频的主要收益也是来自于平台补贴。那么,用户要怎样才能获得这些补贴呢?

利用第三方账号微信、QQ、微博等登录火山小视频之后,进入火山小视频的个人主页,点击"火力"按钮,即可进入相应页面通过页面切换查看与火力、钻石相关的数据。

> **专家提醒**
>
> 火山小视频是通过火力值来计算收益的,10火力值相当于1块钱,所以盈利是非常可观的,关键在于内容要有保障,最好垂直细分,而不是低俗、无聊的内容。

4.美拍

美拍的主要收益来自粉丝打赏,而打赏又依赖于粉丝的积累,有了足够多的粉丝才能够进行变现,从而获得丰厚的收益。

值得注意的是,美拍可以通过内容创作融入广告,而且还有多种不同的形式,有比较直接的,也有比较富有创意的。比如各大品牌商在美拍上发起的#广告也有戏#就是直接的广告,而有的则是通过创意的内容来植入广告和商品链接,不过这也需要有足够强大的粉丝基础才能达到效果。

10.4.2 在线视频:收益方式多样化

在线视频其实也是一个比较热门的渠道,自从在线视频走入人们的视野,就备受大众的喜爱。此后,各式各样的在线视频平台如雨后春笋般涌现出来,不同的平台也开发了自己独有的收益方式。

如今,比较有名的在线视频平台当属腾讯视频、搜狐视频、爱奇艺视频、哔哩哔哩动画等。这些在线视频涵盖的内容范围很广,同时也是上传短视频的较好渠道。本小节将以几个典型的在线视频平台为例,介绍它们的收益方式。

1.腾讯视频

腾讯视频是中国优秀的在线视频平台之一,为广大用户提供了较为丰富的内容和良好的使用体验，其内容包罗万象，如热门影视、体育赛事、新闻时事、综艺娱乐等。那么，腾讯视频的主要收益来源是什么呢？平台分成。但是需要注意的是，如果想要获取平台分成的话，需要满足如图10-27所示的几项条件。

专家提醒

腾讯视频平台分成收益不是所有的内容方向都能获取——需要符合具体的内容领域，如泛娱乐类视频就能轻松获取平台分成，生活类短视频是无法获取平台分成的。

```
获取平台分成需要满足的条件 ─┬─ 发布视频必须是原创
                          ├─ 总播放量要达到10万
                          └─ 起码推出5条原创视频
```

图10-27　获取平台分成需要满足的条件

2.搜狐视频

搜狐视频是播放量较高的在线视频分享平台之一，也是一个比较人性化的在线视频平台。它的主要收益来源于4大渠道，即平台分成、边看边买、赞助打赏以及分享盈利。那么，这些收益方式具体有什么要求和标准呢？

首先是平台分成，很多在线视频都具有这一收益模式，但搜狐视频与其他平台不同的地方在于它的要求十分简单，只要是原创或者是版权授予的视频都可以加入搜狐视频自媒体。

其次是边看边买。这一收益其实是平台的广告收益，具体而言可以分为两种情况，如图10-28所示。

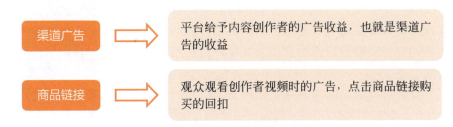

图10-28　边看边买的收益方式

再次是赞助打赏。这也是搜狐视频平台自媒体的主要收益来源，同时也是自媒体与用户进行互动的常用方式。一般而言，只要是参与平台分成的视频都可以得到用户的赞助打赏。

最后是分享盈利。一般在线视频平台都会提供分享功能，搜狐视频也不例外。通过分享视频到站外的其他渠道，比如QQ、微信、微博等社交媒体，吸引用户来到搜狐视频站内观看影片，从而提升站内的播放量。

那么，具体是怎样计算收益的呢？每获得1000人次的观看量，就可以得到另算的50元提成。这里的分享盈利需要满足的条件很简单，只要是搜狐视频平台内参与分成的视频，都可以通过分享的方式赚取收益。

3.哔哩哔哩

哔哩哔哩又称"B站"，是年轻人喜欢聚集的潮流文化娱乐社区，同时也是网络热词的发源地之一。对于哔哩哔哩而言，其主要收益来自粉丝打赏，因为它本身的内容很垂直，吸引的粉丝大部分也是具有相似的兴趣爱好的用户。

哔哩哔哩不仅是一个在线视频平台，也是聚集粉丝的社区。因此，粉丝资源对于平台的作用是至关重要的，对于创作者而言也是内容变现的重要支撑。在哔哩哔哩视频的打赏页面上，用户通常采用投币的方式进行赞助打赏。

4.第一视频

第一视频是中国第一家微视频新闻门户网站，同时也是一个融视频、新闻以及移动终端为一体的综合性媒体平台。第一视频的视频播放界面比较简洁，而且没有广告，内容大多数是短短的几分钟视频。

在这种情况下，第一视频的主要收益来自哪里呢？打赏收入。但是需要注意的是，如果想要在第一视频平台获得打赏收益，就必须成功晋级为此平台的自媒体认证会员，否则是无法获取收益的。

10.4.3 资讯APP：平台分成成主流

处于纷繁复杂的互联网世界之中，企业经营好一个平台不容易，通过平台实现盈利变现就更是难上加难了。了解平台的具体分成收益，对于短视频创作者和团队而言是至关重要的，一是因为不同的平台在不同的时间段对于短视频的扶持力度是不同的，会随着时间的变化而变化，把握趋势很重要；二是了解获取收益的不同的渠道，有助于创作者和团队提高变现的效率。

本小节将从资讯类的客户端角度出发，以今日头条、百家号、一点资讯、企鹅媒体平台、网易号媒体开放平台为例，详细介绍它们的收益来源。

1.今日头条

今日头条是一款基于用户数据行为的推荐引擎产品，同时也是内容发布和变现的一个平台。作为资深的自媒体渠道，今日头条的收益来源是比较典型的，同

第10章 变现：你的短视频内容也许价值千万

时形式也比较多。

总体来说，今日头条的收益方式主要有六种，其具体内容如图10-29所示。

> **专家提醒**
>
> 图10-29中提到的"千人万元计划"指的是今日头条平台将在一年之内保证不低于1000个头条号创作者，在每个月内至少要获得1万元的收入。显而易见，如果想要达成这个计划，就必须要对发布的内容进行精打细磨，最好是拥有自己的创新点。

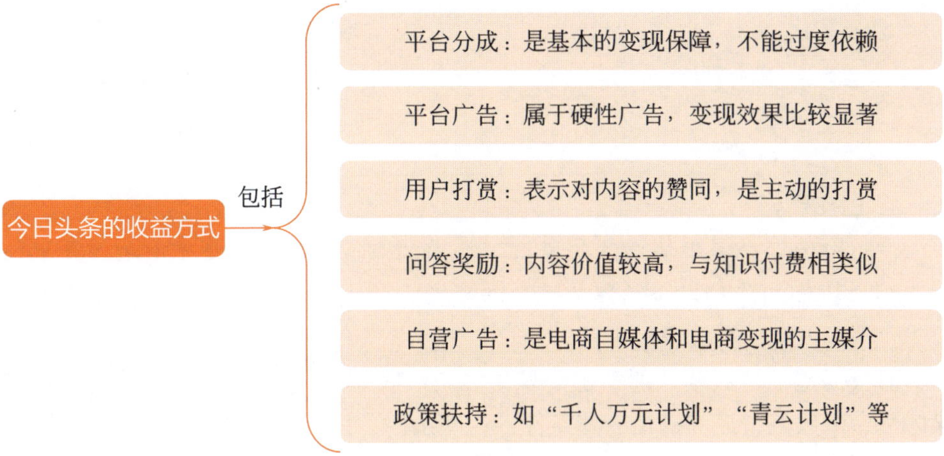

今日头条的收益方式 —— 包括：
- 平台分成：是基本的变现保障，不能过度依赖
- 平台广告：属于硬性广告，变现效果比较显著
- 用户打赏：表示对内容的赞同，是主动的打赏
- 问答奖励：内容价值较高，与知识付费相类似
- 自营广告：是电商自媒体和电商变现的主媒介
- 政策扶持：如"千人万元计划""青云计划"等

图10-29 今日头条的收益方式

2.百家号

百家号是百度公司全力打造的创作平台，内容生产者可在此平台上发布内容、通过内容变现、管理粉丝等。那么，百家号究竟是怎么获取收益的呢？总体来说，此平台的收益主要来自三大渠道，具体如图10-30所示。

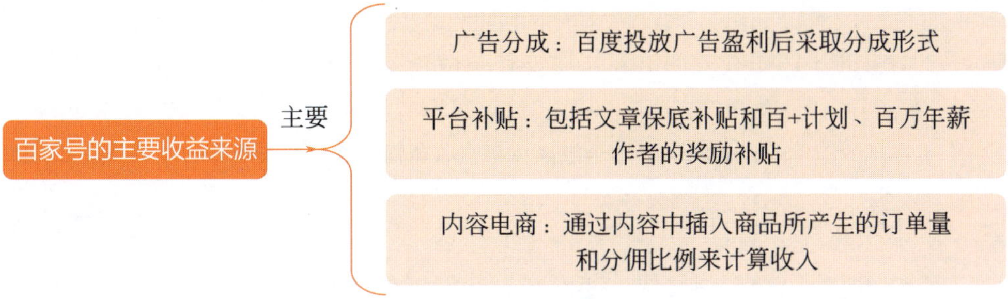

百家号的主要收益来源 —— 主要：
- 广告分成：百度投放广告盈利后采取分成形式
- 平台补贴：包括文章保底补贴和百+计划、百万年薪作者的奖励补贴
- 内容电商：通过内容中插入商品所产生的订单量和分佣比例来计算收入

图10-30 百家号的主要收益来源

3. 一点号

一点资讯是一款基于兴趣推荐的平台，主要特色为搜索与兴趣结合、个性化推荐、用户兴趣定位精准等。一点号的收益方式主要是平台分成，不过后面平台又推出了"点金计划"。如果短视频创作者想要在此渠道获取收益，是需要向平台方提出申请的，申请通过后才可以开始盈利。

专家提醒

"点金计划"的申请要求比较严格，审核不是很容易通过，具体的条件包括内容比较垂直、综合质量高，账号在60天内没有违禁惩罚记录，基础数据、核心数据达到标准，比如发布文章的数据、原创内容的数据等。综合数据是随着内容质量的提升而不断上涨的，只有内容优质，才有可能通过审核。

4. 企鹅媒体

企鹅媒体平台提供的功能包括打开全网的流量，提供内容生产和变现平台，打通用户之间的连接。企鹅媒体平台的收益主要来自平台分成，比如腾讯新闻、天天快报等产生的有效流量补贴。

那么，是不是只要开通了企鹅号就能获取收益呢？实际上，如果想获得企鹅媒体平台的收益，还需满足一些条件，这些条件不仅是申请平台流量分成的前提，同时也是账号内容优质的保障，具体要满足哪些要求呢？笔者将其总结为如图10-31所示。

图 10-31　获取企鹅媒体平台收益需要满足的条件

5. 网易号

网易号是由网易订阅发展演变而来的，它是自媒体内容的发布平台，同时也是打造品牌的帮手。它的特色在于高效分发、极力保护原创、现金补贴等。网易号的主要收益来自平台分成，不过网易媒体开放平台的分成方法与其他平台有所区别，主要是以星级制度为准。

而关于平台分成，网易号只要达到1星级及以上就能获取。在开通收益功能后，运营者应该提升账号流量和文章质量，以便获得更高收益。特别是衡量账号贡献值的三大指标——PV、分享和跟帖——是判断收益高低的依据。

另外，运营者还可以通过流量加成政策来提升收益，也就是说，可以留意并参与特定活动，打造特定主题内容，那么就可以通过获得流量加成系数来提升账号流量，从而获得更高收益。

10.5 其他：变现方法还有很多

对短视频运营者来说，获取收益的方法是很多的，且在不断地扩展着。这就需要运营者不断挖掘和持续创作优质内容。下面笔者还将介绍3种比较常见的变现方法。

10.5.1 直播：有礼物就能盈利

随着变现方式的不断拓展深化，很多短视频平台不单单向用户提供展示短视频的功能，而且还开启了直播功能，为已经拥有较高人气的IP提供变现的平台，粉丝可以在直播中通过送礼物的方式与主播互动。以著名的短视频平台快手为例，看看他是如何通过标签化的IP成功变现的。具体的步骤如下所述。

在"快手"APP的某直播间页面，❶点击右下方的"礼物"图标，如图10-32所示；进入"礼物"页面，❷选择具体的礼物；❸点击"发送"按钮，如图10-33所示。在余额充足的情况下，即可完成送礼物的操作。而主播通过收到的礼物获取相应的利润，实现变现。

> **专家提醒**
>
> 短视频平台开启直播入口是为了让已经形成自己风格的IP或大咖能够高效变现。这也算是一种对短视频变现模式的补充，因为用户对具有重要影响力的短视频达人已经形成了高度的信任感和依赖感，因此也会更愿意送礼物给他们，播主实现变现也就更加简单。

图 10-32 直播的主页

图 10-33 发送礼物

10.5.2 版权：知识就是变现力

在刷微博或者浏览短视频平台上的内容的时候，不难发现各大新媒体平台活跃着很多的短视频搬运工，虽然视频版权问题越来越受到重视，但是短视频搬运工还是有很多。如图 10-34 所示为微博上的短视频内容，从页面右上角的几重水印可以明显看出，这是经过几次搬运再发布的短视频。

图 10-34 搬运的短视频

> 第10章 变现：你的短视频内容也许价值千万

实际上，如果短视频搬运工对短视频剪辑修改，可能会获得更多的视频播放量，因为这样会有效提升搬运的短视频的质量，实现短视频的完美变现。不过值得注意的是，剪辑短视频并不容易，不是任何团队轻而易举就能完成的，但是一旦把一个短视频剪辑得出色的话，很有可能它的播放量比原创短视频的播放量还高。

由此，短视频变现完全可以从版权收入的角度切入，内容创作者可以组建一个专业的短视频剪辑团队，致力于帮助短视频搬运工妥善解决版权问题，进而获得收益。

专家提醒

此外，短视频还可以孵化出火热IP，比如很多网红通过短视频获得知名度，之后再进行出书、参加商演等活动，进而实现变现。这可以算得上是短视频变现的衍生模式，这一过程需要借助IP的人气和力量。

10.5.3 融资：寻求侧面的突破

短视频在近几年经历了较为迅速的发展，同时各种自媒体的火热也引发了不少投资者的注意，相信不少人都知道papi酱，她拥有多重身份，比如在内容创作中自称的"一个集美貌与才华于一身的女子"，又比如中戏导演系的研究生，再比如拿下1200万投资，一跃成为网红界大咖。如图10-35所示为papi酱的微博主页。粉丝已经突破了2800万，可见人气之高，影响力自然也不在话下。

图10-35 papi酱的微博主页

融资就由papi酱这一热点带入了广大网友的视野，作为自媒体的前辈"罗辑思维"也为papi酱投入了一笔资金，联合徐小平共同投资1200万。papi酱奇迹般地从一个论文还没写完的研究生转变为身价上亿的短视频创作者，而这一切，仅仅用了不到半年的时间。

融资的变现模式对创作者的要求很高，因此可以适用的对象也比较少，而且papi酱也是目前短视频行业的个例。但无论如何，融资也可以称得上是一种收益大、速度快的变现方式，只是发生的概率比较小。

除了对个人的融资之外，如今的短视频领域还出现了对已经形成一定规模的自媒体平台的投资，比如"泽休文化"就成功获得由美图领投，聚桌资本跟投的千万元级A轮融资。"泽休文化"旗下开设了三个栏目，分别是"厨娘物语""白眼初体验""我们养猫吧"。

其中"厨娘物语"是极具特色的一档节目，其用户定位比较明确，即满怀少女心的群体，而且运营方面也采用了IP化与品牌化的逻辑思维。

"厨娘物语"不仅通过自身精准的用户定位和鲜明的少女风格吸引了美图的融资，成功达到了短视频变现的目的，而且它还积极与用户展开互动，比如内容、评论的互动，出书与粉丝进行深入交流等。这些互动一方面可以增强粉丝的黏性，提升粉丝的信任度，另一方面可以从侧面实现短视频的变现。